读古人书 友天下士
昌明国学 弘扬文化

史记

崇文国学普及文库

［西汉］司马迁 著

王耀祖 仝晰纲 注译

长江出版传媒 崇文书局

图书在版编目（CIP）数据

史记/（西汉）司马迁著；王耀祖，仝晰纲注译.
-- 武汉：崇文书局，2020.6
（崇文国学普及文库）
ISBN 978-7-5403-5663-7

Ⅰ. ①史…
Ⅱ. ①司… ②王… ③仝…
Ⅲ. ①中国历史—古代史—纪传体 ②《史记》—注释
　　③《史记》—译文
Ⅳ. ①K204.2

中国版本图书馆CIP数据核字(2019)第233871号

史记

责任编辑	朱小双
装帧设计	刘嘉鹏　甘淑媛
出版发行	长江出版传媒　崇文书局
业务电话	027-87293001
印　　刷	湖北画中画印刷有限公司
版　　次	2020年6月第1版
印　　次	2020年6月第1次印刷
开　　本	880×1230　1/32
印　　张	7.5
定　　价	35.80元

本书如有印装质量问题，可向承印厂调换

本作品之出版权（含电子版权）、发行权、改编权、翻译权等著作权以及本作品装帧设计的著作权均受我国著作权法及有关国际版权公约保护。任何非经我社许可的仿制、改编、转载、印刷、销售、传播之行为，我社将追究其法律责任。

版权所有，侵权必究。

总序

　　现代意义的"国学"概念，是在19世纪西学东渐的背景下，为了保存和弘扬中国优秀传统文化而提出来的。1935年，王缁尘在世界书局出版了《国学讲话》一书，第3页有这样一段说明："庚子义和团一役以后，西洋势力益膨胀于中国，士人之研究西学者日益众，翻译西书者亦日益多，而哲学、伦理、政治诸说，皆异于旧有之学术。于是概称此种书籍曰'新学'，而称固有之学术曰'旧学'矣。另一方面，不屑以旧学之名称我固有之学术，于是有发行杂志，名之曰《国粹学报》，以与西来之学术相抗。'国粹'之名随之而起。继则有识之士，以为中国固有之学术，未必尽为精粹也，于是将'保存国粹'之称，改为'整理国故'，研究此项学术者称为'国故学'……"从"旧学"到"国故学"，再到"国学"，名称的改变意味着褒贬的不同，反映出身处内忧外患之中的近代诸多有识之士对中国优秀传统文化失落的忧思和希望民族振兴的宏大志愿。

　　从学术的角度看，国学的文献载体是经、史、子、集。崇文书局的这一套国学经典普及文库，就是从传统的经、史、子、集中精选出来的。属于经部的，如《诗经》《论语》《孟子》《周易》《大学》《中庸》《左传》；属于史部的，如《战国策》《史记》《三国志》《贞观政要》《资治通鉴》；属于子部的，如《道德经》《庄子》《孙子兵法》《鬼谷子》《世说新语》《颜氏家训》《容斋随笔》《本草纲目》《阅微草堂笔记》；属于集部的，如《楚辞》《唐诗三百首》《豪放词》《婉约词》《宋词三百首》《千家诗》《元曲三百首》《随园诗话》。这套书内容丰富，而分量适中。一个希望对中国优秀传统文化有所了解的人，读了这些书，一般说来，犯常识性错误的可能性就很小了。

崇文书局之所以出版这套国学经典普及文库，不只是为了普及国学常识，更重要的目的是，希望有助于国民素质的提高。在国学教育中，有一种倾向需要警惕，即把中国优秀的传统文化"博物馆化"。"博物馆化"是20世纪中叶美国学者列文森在《儒教中国及其现代命运》中提出的一个术语。列文森认为，中国传统文化在很多方面已经被博物馆化了。虽然中国传统的经典依然有人阅读，但这已不属于他们了。"不属于他们"的意思是说，这些东西没有生命力，在社会上没有起到提升我们生活品格的作用。很多人阅读古代经典，就像参观埃及文物一样。考古发掘出来的珍贵文物，和我们的生命没有多大的关系，和我们的生活没有多大关系，这就叫作博物馆化。"博物馆化"的国学经典是没有现实生命力的。要让国学经典恢复生命力，有效的方法是使之成为生活的一部分。崇文书局之所以强调普及，深意在此，期待读者在阅读这些经典时，努力用经典来指导自己的内外生活，努力做一个有高尚的人格境界的人。

国学经典的普及，既是当下国民教育的需要，也是中华民族健康发展的需要。章太炎曾指出，了解本民族文化的过程就是一个接受爱国主义教育的过程："仆以为民族主义如稼穑然，要以史籍所载人物制度、地理风俗之类为之灌溉，则蔚然以兴矣。不然，徒知主义之可贵，而不知民族之可爱，吾恐其渐就萎黄也。"（《答铁铮》）优秀的传统文化中，那些与维护民族的生存、发展和社会进步密切相关的思想、感情，构成了一个民族的核心价值观。我们经常表彰"中国的脊梁"，一个毋庸置疑的事实是，近代以前，"中国的脊梁"都是在传统的国学经典的熏陶下成长起来的。所以，读崇文书局的这一套国学经典普及读本，虽然不必正襟危坐，也不必总是花大块的时间，更不必像备考那样一字一句锱铢必较，但保持一种敬重的心态是完全必要的。

期待读者诸君喜欢这套书，期待读者诸君与这套书成为形影相随的朋友。

陈文新

（教育部长江学者特聘教授，武汉大学杰出教授）

前言

《史记》是我国历史学上一个划时代的标志,是一部"究天人之际,通古今之变,成一家之言"的伟大著作,是司马迁对我国民族文化特别是历史学方面的极其宝贵的贡献。

《史记》的作者司马迁,字子长,西汉左冯翊夏阳(今陕西韩城)人。司马迁的父亲司马谈曾"学天官于唐都,受易于杨何,习道论于黄子",又曾为文《论六家之要旨》,做过汉武帝的太史令,掌管史馆档案典籍。父亲司马谈在临终前将自己著述历史的理想和愿望留给了司马迁。正是在这种背景下,司马迁继任太史令,披星戴月,历数十年终于撰成了一部"史家之绝唱,无韵之离骚"的《史记》。

《史记》原名《太史公书》,包括12本纪、10表、8书、30世家和70列传,共130篇,526 500字。"本纪"除《秦本纪》外,叙述的均为历代最高统治者——帝王的政迹;"表"分为"世表""年表""月表",是各个历史时期的简单大事记,是全书叙事的联络和补充;"书"是个别事件的始末文献,分别叙述了天文、历法、水利、经济、文化、艺术等方面制度的渊源和变化,与后世的专门科学史相近;"世家"主要叙述贵族王侯的事迹和历史;"列传"主要是记载各种不同类型、不同阶层人物的传记,如贵族、将相、官吏、隐士、刺客、游侠、商人、滑稽等人物的活动,还有一小部分记载了国外和国内少数民族君长统治的历史。

《史记》内容丰富、规模宏大,它通过五种不同的体例和它们之间的相互配合和补充而构成了一个完整的体系。《史记》记事,上自黄帝,下至武帝太初年间,全面地叙述了我国上古至汉初约三千年的政治、经济、文化多方面的历史发展,是我国古代历史的伟大总结。

此次编译的这本《史记》,以中华书局点校本的原文为准,另加上注释和译文三部分。在选取原文时我们力求使所选取的章节和段落精彩,可读性较强,且富有哲理和教育意义;在注释和译文部分我们也尽量做到忠于作者的本意,以直译为主要形式;编译过程中除了参考前人的旧注成说外,我们也汲取、借鉴了当代人的研究成果。限于水平,在编译过程中可能会出现一些错误或不当之处,敬盼方家给予批评指正。

目 录

项羽本纪（节选）……………………………………1
齐太公世家（节选）…………………………………29
越王勾践世家（节选）………………………………37
陈涉世家（节选）……………………………………53
萧相国世家……………………………………………60
管晏列传（节选）……………………………………73
司马穰苴列传…………………………………………79
孙子吴起列传…………………………………………86
伍子胥列传（节选）…………………………………106
廉颇蔺相如列传（节选）……………………………126
刺客列传（节选）……………………………………139
樊哙列传………………………………………………162
郦商列传………………………………………………177
灌婴列传………………………………………………184
陆贾列传………………………………………………197
晁错列传………………………………………………207
游侠列传（节选）……………………………………214
滑稽列传（节选）……………………………………223

项羽本纪(节选)

项籍者,下相①人也,字羽。初起时②,年二十四。其季父③项梁,梁父即楚将项燕④,为秦将王翦所戮者也。项氏世世为楚将,封于项⑤,故姓项氏。

【注释】
① 下相:秦县名,治所在今江苏宿迁西南。
② 初起时:指项羽起兵反秦之时,即秦二世元年,公元前209年。
③ 季父:最小的叔父。
④ 项燕:楚名将,曾击破秦将李信军二十万。秦始皇二十三年(前224年),秦将王翦率六十万大军击楚,虏楚王。项燕立昌平君为荆王,驻兵淮南。第二年,王翦再破楚,昌平君死,项燕自杀。
⑤ 项:项本是周的姞姓封国,春秋时被鲁所灭。其后楚灭鲁,以其地转封给项燕的先人。故址在今河南沈丘东北。

【译文】
项籍是下相人,字羽。最初起事反秦时,他刚好二十四岁。项羽最小的叔叔是项梁,项梁的父亲就是楚国的大将项燕,被秦将王翦所杀害。项氏世世代代做楚国的大将,被封在项地,所以姓项。

项籍少时,学书①不成,去②;学剑,又不成。项梁怒之。籍曰:"书足以记名姓而已。剑一人敌,不足学,学万人敌。"于是项梁乃教籍兵法③,籍大喜,略知其意,又不肯竟学④。项梁尝有栎阳逮⑤,乃请蕲狱掾⑥曹咎书⑦,抵⑧栎阳狱掾司马欣,以故事得已⑨。项梁杀人，与籍避仇于吴中⑩。吴中贤士大夫皆出项梁下，每吴中有大繇役及丧，项梁常为主办，阴⑪以兵法部勒宾客及子弟⑫，以是知其能。秦始皇帝游会稽⑬，渡浙江⑭，梁与籍俱观。籍曰："彼可取而代也。"梁掩其口，曰："毋妄言，族⑮矣！"梁以此奇籍。籍长八尺余⑯，力能扛鼎⑰，才气过人，虽吴中子弟皆已惮⑱籍矣。

【注释】

① 学书：学习认字和写字。

② 去：舍弃。

③ 兵法：治兵布阵、克敌制胜之法，相当于后世的军事学。

④ 竟学：完成全部学业。竟，完毕。

⑤ 栎阳逮：因罪被栎阳县逮捕。栎阳，秦县名，县治在今陕西临潼东北。

⑥ 蕲：秦县名，县治在今安徽宿县南。狱掾：管理囚徒的长官。

⑦ 书：写信。

⑧ 抵：送到。

⑨ 以：凭借。故事：旧交情。已：停息。

⑩ 吴中：秦县名，治所在今江苏苏州。

⑪ 阴：暗中，私下里。

⑫ 部勒：部署，组织。宾客：流寓在当地的客民。子弟：当地的土著壮丁。

⑬ 会稽：山名，在今浙江绍兴东南。公元前210年秦始皇巡行东南，曾登临此山。

⑭ 浙江：即钱塘江。

⑮ 族：指灭族，把罪犯的家族成员全部处死。

⑯ 八尺余：汉尺合今公制二十三公分，八尺余约1.9米。

⑰ 扛鼎：举鼎。

⑱ 惮：惧怕。

【译文】

  项籍年少时，学习识字书写，没有学成就放弃不学了；又学习剑术，也没有学成。项梁对他很生气。项籍却说："书写识字，能够记姓名就行了；剑术，也只能对抗一个人，不值得学。我要学习能对抗万人的本事。"于是项梁就教项籍兵法，项籍非常高兴，可是刚刚懂得了一点兵法的大意，又不肯学下去了。项梁曾因罪案受牵连，被栎阳县逮捕，于是他就请蕲县狱掾曹咎写了说情信给栎阳狱掾司马欣，借着旧交情才得以了结此事。后来项梁又杀了人，为了躲避仇家，他和项籍一起逃到吴中。吴中有名望才能的人士，都赶不上项梁。每逢吴中有大规模的徭役和丧事，项梁经常为他们主办。他还暗中用兵法部署组织宾客和子弟，借此了解他们的才能。秦始皇游览会稽渡浙江时，项梁和项籍一起去观看。项籍说："这个人可以取而代之！"项梁急忙捂住他的口，说："不要胡说，要灭族的啊！"项梁由此觉得项籍非同寻常。项籍身高八尺有余，力大能举鼎，才气超过常人，即使是吴中的子弟都非常惧怕他。

  秦二世元年七月，陈涉等起大泽①中。其九月，会稽守通谓梁曰："江西②皆反，此亦天亡秦之时也。吾闻先即制人，后则为人所制。吾欲发兵，使公及桓楚③将。"是时桓楚亡在泽中。梁曰："桓楚亡，人莫知其处，独籍知之耳。"梁乃出，诫④籍持剑居外待。梁复入，与守坐，曰："请召籍，使受命召桓楚。"守曰："诺。"梁召籍入。须臾⑤，梁眴⑥籍曰："可行矣⑦！"于是籍遂拔剑斩守头。项梁持守头，佩其印绶⑧。门下⑨大惊，扰乱，籍所击杀数十百人。一府中皆慴伏⑩，莫敢起。梁乃召故所知豪吏⑪，谕⑫以所为起大事，遂举⑬吴中兵。使人收下县⑭，得精兵八千人。梁部署⑮吴中豪杰为校尉⑯、候⑰、司马⑱。有一人不得用，自言于梁。梁曰:"前时某丧使公主某事,不能办,以此不任用公。"众乃皆伏。于是梁为会稽守,籍为裨将⑲,徇⑳下县。

【注释】

① 大泽:乡名,当时属蕲县,在今安徽宿县东南。

② 江西:与江东对称,长江自九江到南京一段,曲折向东北方向流,故古人称今皖北一带为江西,而称皖南、苏南为江东。也泛指长江以北包括中原地区在内的广大区域。

③ 桓楚:吴中奇士,后来项羽杀宋义时,桓楚曾任项羽使者报告怀王。

④ 诫:叮嘱,面授机宜。

⑤ 须臾:一会儿。

⑥ 眴:使眼色。

⑦ 可行矣:双关语,可以行动了,实谓可以下手了。

⑧ 印绶:郡守的大印。绶,丝带,古代用以系佩玉、官印等。

⑨ 门下:会稽守衙内的侍卫人员。

⑩ 慑伏:吓得趴在地上。

⑪ 所知豪吏:平素相好的地方豪强和官吏。

⑫ 谕:晓谕以理。

⑬ 举:动员、集合。

⑭ 下县:指会稽郡所属各县。

⑮ 部署:分派、任命。

⑯ 校尉:次于将军的军官。

⑰ 候:军候,管理军中事务的军需官。

⑱ 司马:执行军法的军官。

⑲ 裨将:副将。

⑳ 徇:巡行下令,兼有以力震慑、占领等意。

【译文】

　　秦二世元年七月，陈涉等人在大泽乡起义。当年九月，会稽郡守殷通对项梁说："大江以西全反了，这也是上天要灭亡秦朝的时候了。我听说先发制人，后发就会受制于人。我打算起兵反秦，让您和桓楚统领军队。"此时桓楚流亡江湖。项梁说："桓楚正在外逃亡，别人都不知道他的去处，只有项籍知道。"于是项梁出去，嘱咐项羽持剑在外面等候。项梁再进去，和郡守坐在一起，说："请传项籍，让他奉命去召桓楚。"郡守说："好吧！"项梁就把项籍叫进来了。待了不大一会儿，项梁给项籍使了个眼色，说："可以行动了！"于是项籍拔出剑来斩下了郡守的头。项梁手里拎着郡守的头，身上挂了郡守的官印。郡守的部下大为惊慌，一片混乱，项籍一连杀了几十上百人。整个郡府上下都吓得趴倒在地，没有一个人敢起来。项梁召集平日相知的豪强官吏，告诉他们所要做的一番大事业，于是就发动吴中之兵起事了。项梁派人征发所属各县兵员，共得精兵八千人。又委派郡中豪杰，让他们分别担任校尉、候、司马。其中有一个人没有被任用，自己来找项梁诉说，项梁说："前些日子某家办丧事，我让你去做一件事，你没有办成，所以不能任用你。"众人听了都很敬服。于是项梁做了会稽郡守，项籍为副将，去巡行占领下属各县。

　　章邯已破项梁军，则以为楚地兵不足忧，乃渡河①击赵，大破之。当此时，赵歇②为王，陈余为将，张耳为相，皆走入钜鹿③城。章邯令王离、涉间围钜鹿，章邯军其南，筑甬道④而输之粟。陈余为将，将卒数万人而军钜鹿之北，此所谓河北之军也。

【注释】

① 河：指黄河。
② 赵歇：战国赵国王族后裔，被陈余、张耳两人立为赵王。

③ 钜鹿：本赵邑，秦置钜鹿县，并为钜鹿郡治，在今河北平乡西南。
④ 甬道：古代两旁有墙垣遮蔽的通道。

【译文】
　　章邯打败项梁的军队以后，认为楚地的军队不值得忧虑了，便渡过黄河进攻赵国，把赵军打得大败。这时候，赵歇为王，陈余为大将，张耳为相国，都逃进了钜鹿城。章邯命令王离、涉间包围了钜鹿，自己的军队驻扎在钜鹿南边，筑起两边有墙的甬道给他们输送粮草。陈余作为赵国的大将，率领几万名士卒驻扎在钜鹿北边，这就是所谓的河北军。

　　楚兵已破于定陶①，怀王恐，从盱台②之彭城③，并项羽、吕臣军自将之。以吕臣为司徒④，以其父吕青为令尹⑤，以沛公为砀郡长⑥，封为武安侯，将砀郡兵。

【注释】
① 定陶：秦所置县，县治在今山东定陶西北。
② 盱台：即盱眙，本春秋时吴善道邑，秦置县，县治在今江苏盱眙东北。
③ 彭城：古大彭氏之国，春秋时为宋邑，秦置彭城县，县治在今江苏徐州。
④ 司徒：主管教化之官。
⑤ 令尹：战国时楚官名，掌政务，位同丞相。
⑥ 砀郡长：即砀郡郡守。砀郡，治所在今河南夏邑东。

【译文】
　　楚军在定陶战败以后，怀王心里害怕，从盱台前往彭城，合并项羽、吕臣的军队亲自统率。任命吕臣为司徒，吕臣的父亲吕青为令尹。派遣沛公做砀郡郡长，封为武安侯，统率砀郡的军队。

初，宋义所遇齐使者高陵君显在楚军，见楚王曰："宋义论武信君之军必败，居数日，军果败。兵未战而先见败征①，此可谓知兵矣。"王召宋义与计事而大说②之，因置以为上将军③，项羽为鲁公，为次将，范增为末将，救赵。诸别将皆属宋义，号为卿子冠军④。行至安阳⑤，留四十六日不进。项羽曰："吾闻秦军围赵王钜鹿，疾引兵渡河，楚击其外，赵应其内，破秦军必矣。"宋义曰："不然。夫搏牛之虻不可以破虮虱⑥。今秦攻赵，战胜则兵罢，我承其敝；不胜，则我引兵鼓行而西⑦，必举秦矣。故不如先斗秦赵。夫被坚执锐，义不如公；坐而运策，公不如义。"因下令军中曰："猛如虎，很⑧如羊，贪如狼，强不可使者，皆斩之。"乃遣其子宋襄相齐，身送之至无盐⑨，饮酒高会⑩。天寒大雨，士卒冻饥。项羽曰："将戮力⑪而攻秦，久留不行。今岁饥民贫，士卒食芋菽⑫，军无见粮⑬，乃饮酒高会，不引兵渡河因赵食⑭，与赵并力攻秦，乃曰'承其敝'。夫以秦之强，攻新造之赵，其势必举赵。赵举而秦强，何敝之承！且国兵⑮新破，王坐不安席，埽境内⑯而专属于将军，国家安危，在此一举。今不恤士卒而徇其私⑰，非社稷⑱之臣。"项羽晨朝上将军宋义，即其帐中斩宋义头，出令军中曰："宋义与齐谋反楚，楚王阴令羽诛之。"当是时，诸将皆慑服，莫敢枝梧⑲。皆曰："首立楚者，将军家也。今将军诛乱。"乃相与共立羽为假上将军⑳。使人追宋义子，及之齐，杀之。使桓楚报命于怀王。怀王因使项羽为上将军，当阳君㉑、蒲将军皆属项羽。

【注释】

① 征：预兆。
② 说：通"悦"，欣赏之意。

③ 上将军：主帅。
④ 卿子冠军：卿子，是当时对男子的尊称，犹如称"公子"，宋义以一介书生为上将军，故人称"卿子冠军"，这里含有风流倜傥的意思。
⑤ 安阳：古邑名，在今山东曹县东。
⑥ 牛虻：依附在牛等牲畜身上的吸血昆虫，这里喻指秦军。虮：虱卵。虮虱：虱子的统称，讽喻钜鹿，城小而坚，秦军屯于坚城之下，不能马上攻破它，即使攻破了，也必然疲敝。
⑦ 鼓行而西：大张旗鼓地向西进兵。
⑧ 很：通"狠"，刚愎之意。
⑨ 无盐：秦县名，故址在今山东东平东南。
⑩ 饮酒高会：大摆筵席，广会宾客。
⑪ 戮力：合力，并力。
⑫ 芋：芋头。菽：豆类。
⑬ 见：同"现"。见粮：存粮。
⑭ 因赵食：依靠赵地的粮食以饷军。因，依傍、假借。
⑮ 国兵：指楚军，项羽自称。
⑯ 埽境内：倾一国之兵力。埽，同"扫"，悉数之意。
⑰ 徇其私：徇私情，指宋义派遣儿子宋襄相齐这件事。徇，图谋。
⑱ 社稷：帝王祭祀土神和谷神的坛，国亡则社稷不祀，故以社稷指代国家。
⑲ 枝梧：支撑屋盖，引申为抵触、抗拒。枝，架屋之小柱。梧，架屋之斜柱。
⑳ 假上将军：代理上将军。假，暂时代理。
㉑ 当阳君：黥布的爵号。黥布，本姓英，因罪受黥面之刑，乃改姓黥。

【译文】

　　先前，宋义遇见的那位齐国使者高陵君显正在楚军中，他见到楚王说:"宋义曾猜定武信君的军队必定失败,没过几天,就果然战败了。军队尚未交战就能预见失败的征兆,这可以称得上是懂得用兵了。"楚怀王召见宋义,跟他商计军中大事,非常欣赏他,因而任命他为上将军,项羽为鲁公,任次将,范增任末将,一起去援救赵国。宋义指挥其他各路统兵将领,号称卿子冠军。部队进发抵达安阳,逗留四十六天不向前推进。项羽说:"我听说秦军把赵王包围在钜鹿城内,我们应该赶快率兵渡过黄河,楚军从外面攻打,赵军在里面接应,打垮秦军是确定无疑的。"宋义说:"我认为并非如此。能叮咬大牛的牛虻却损伤不了小小的虮虱。如今秦国攻打赵国,打胜了,士卒也会疲惫,我们就可以利用他们的疲惫;打不胜,我们就率领部队擂鼓西进,一定能把秦攻下。所以,现在不如先让秦、赵两方相斗。若论冲锋陷阵、勇战前线,我宋义比不上你;若论坐于军帐、运筹决策,你比不上我宋义。"于是通令全军:"凶猛如虎,刚愎如羊,贪婪如狼,倔强不听指挥的,一律斩杀。"接着又派儿子宋襄到齐辅佐齐国,并亲自送到无盐,置备酒筵,大会宾客。当时天气寒冷,下着大雨,士卒又冷又饿。项羽对将士说:"我们大家是想齐心合力攻打秦军,他却久久停留不向前进。如今正赶上荒年,百姓贫困,将士们吃的是芋头掺豆子,军中没有存粮,他还备酒筵、大会宾客,不率领部队渡过黄河取用赵地的粮食,跟赵合力攻秦,却说'利用秦军的疲惫'。凭着秦军的强大去攻打刚刚建起的赵国,那形势必定是秦军攻占赵国。赵国被攻占,秦就更加强大,到那时,还谈什么利用秦军的疲惫!再说,我们的军队刚刚打了败仗,怀王坐不安席,集中了境内全部兵卒粮饷交给上将军,国家安危,在此一举。可是上将军不体恤士卒,只顾谋取私利,算不上国家真正的贤良之臣。"项羽早晨去参见上将军宋义,就在军帐中,砍下了他的头,出来号令全军说:"宋义私通齐国合谋反楚,楚王密令我处死他。"这时候,将领们都畏服项羽,没有人敢抗拒,都说:"首先把楚国扶立起来的,是项将军家。如今又是将军诛灭了叛乱之臣。"于是大家一起立项羽为代理上将军。项羽派人去追赶宋义的儿子，追到齐国境内，把他杀了。项羽又派桓楚去向怀王报告。楚怀王无奈，让项羽做了上将军，当阳君黥布和蒲将军都归项羽统帅。

项羽已杀卿子冠军，威震楚国，名闻诸侯。乃遣当阳君、蒲将军将卒二万渡河①，救钜鹿。战少利，陈余复请兵。项羽乃悉引兵渡河，皆沉船，破釜甑②，烧庐舍，持三日粮，以示士卒必死③，无一还心④。于是至则围王离，与秦军遇，九战⑤，绝其甬道，大破之，杀苏角，虏王离。涉间不降楚，自烧杀。当是时，楚兵冠⑥诸侯。诸侯军救钜鹿下者十余壁⑦，莫敢纵兵⑧。及楚击秦，诸将皆从壁上观⑨。楚战士无不一以当十。楚兵呼声动天，诸侯军无不人人惴恐⑩。于是已破秦军，项羽召见诸侯将，入辕门⑪，无不膝行而前⑫，莫敢仰视。项羽由是始为诸侯上将军，诸侯皆属焉。

【注释】

① 河：指漳河。
② 釜：古代的一种锅，敛口圆底，或有二耳，其用于鬲，置于灶，上置甑以蒸煮。甑：古代炊具，底部有许多透蒸汽的小孔，放在鬲上蒸煮食物。
③ 必死：以敢死精神奋战，不胜即死。
④ 无一还心：自断退路，使全军皆有必死之心，无一人思后退。
⑤ 九战：多次战斗。九在古语中表示多数，非实指九次。
⑥ 冠：超出众人，超过，位居第一。
⑦ 十余壁：十多座营垒，言其多。壁，营垒。
⑧ 莫敢纵兵：不敢出兵作战。
⑨ 从壁上观：凭营垒遥望。
⑩ 惴恐：惊惧害怕。

⑪ 辕门：兵营门，古代行军作战以车为阵，驻扎时把车辕竖起，相对为门，故称辕门。辕，驾车用的木杠。
⑫ 膝行而前：跪在地上，用两膝行进。这里形容诸侯将领弯腰屈膝，两腿发怵，不敢站直的意思。

【译文】

项羽诛杀卿子冠军后，威震楚国，名扬诸侯。于是他派遣当阳君、蒲将军率领两万人渡过漳河，援救钜鹿。战争只取得一些小胜利，陈余又来请求增援。项羽就率领全部军队渡过漳河，然后凿沉船只，砸破锅碗等餐具，烧毁营房，只带上三天的干粮，以示士卒们决一死战的意志和毫无退还的决心。因此楚军一过河就包围了王离的军队，与秦军遭遇，多次激战，阻断了秦军运粮的甬道，把秦军打得大败，杀了苏角，俘虏了王离。涉间拒不降楚，自焚而死。这时，楚军的声势压倒诸侯的军队，前来援救钜鹿的诸侯各军筑有十多座营垒，没有一个敢发兵出战。到楚军攻击秦军时，他们都只在营垒中观望。楚军的士卒无不以一当十，士兵们杀声震天，诸侯军人人战栗胆寒。打败秦军以后，项羽召见诸侯将领，当他们进入军门时，一个个都屈膝前进，没有人敢抬头仰视。自此，项羽真正成了诸侯的上将军，各路诸侯都归他指挥。

　　行①略定②秦地。函谷关③有兵守关，不得入。又闻沛公已破咸阳，项羽大怒，使当阳君等击关。项羽遂入，至于戏西④。沛公军霸上⑤，未得与项羽相见。沛公左司马曹无伤使人言于项羽曰："沛公欲王关中，使子婴为相，珍宝尽有之。"项羽大怒，曰："旦日飨⑥士卒，为击破沛公军！"当是时，项羽兵四十万，在新丰鸿门⑦，沛公兵十万，在霸上。范增说项羽曰："沛公居山东⑧时，贪于财货，好美姬⑨。今入关，财物无所取，妇女无所幸⑩，此其志不在小。吾令人望其气⑪，皆为龙虎，成五采⑫，此天子气也。

急击勿失⑬。"

【注释】

① 行：将要。

② 略定：攻取、平定。

③ 函谷关：秦时故关，为东方入秦地的必经之道，在今河南灵宝西南。

④ 戏西：戏水之西。戏水源出骊山，下流入渭，在今陕西临潼东。

⑤ 霸上：亦作灞上，即灞水西白鹿原，在今陕西西安东南。

⑥ 旦日：明早。飨：犒赏。

⑦ 鸿门：山阪名，在临潼东北，即今项王营。

⑧ 山东：战国时泛指东方六国之地，因当时六国都在华山或崤山以东，故称。

⑨ 美姬：即美女。

⑩ 幸：亲近。

⑪ 气：预示吉凶之气，这是古代预测时局、人事所用的一种迷信方法，也是一种宣传手段。

⑫ 皆为龙虎，成五采：这是刘邦行止处形成的所谓天子气。

⑬ 勿失：不要失去机会。

【译文】

项羽将要夺取平定秦地。到了函谷关，关内有士兵把守，没能进去。又听说沛公已经攻下了咸阳，项羽非常生气，就派当阳君等攻打函谷关。这样项羽才进了关，一直到戏水之西。当时，沛公的军队驻扎在霸上，没能跟项羽相见。沛公的左司马曹无伤派人告诉项羽说："沛公想在关中称王，让秦王子婴为相，珍奇宝物都占为己有了。"项羽大为愤怒，说："明天早晨准备酒食，好好犒劳士卒，给我把沛公的部队打垮！"这时候，项羽有士卒四十万，驻扎在新丰鸿门；沛公有士卒十万，驻扎在霸上。范增劝项羽说："沛公在山东的时候，贪图财货，喜好美女。现在进了关，财物什么都不取，美女也没亲近一个，看这势头他的志气可不小啊。我让人察望他那边的云气，都呈现为龙虎之状，五色斑斓，这是天子的瑞气呀。希望您赶快进攻，不要坐失良机！"

楚左尹①项伯者，项羽季父也，素善②留侯张良。张良是时从沛公，项伯乃夜驰之③沛公军，私见张良，具④告以事，欲呼张良与俱去。曰："毋从俱死也。"张良曰："臣为韩王送沛公，沛公今事有急，亡去不义，不可不语。"良乃入，具告沛公。沛公大惊，曰："为之奈何？"张良曰："谁为大王为此计者？"曰："鲰生⑤说我曰'距⑥关，毋内⑦诸侯，秦地可尽王也'。故听之。"良曰："料大王士卒足以当⑧项王乎？"沛公默然，曰："固不如也，且为之奈何？"张良曰："请往谓项伯，言沛公不敢背项王也。"沛公曰："君安⑨与项伯有故⑩？"张良曰："秦时与臣游⑪，项伯杀人，臣活之。今事有急，故幸来告良。"沛公曰："孰与君少长？"良曰："长于臣。"沛公曰："君为我呼入，吾得兄事之⑫。"张良出，要⑬项伯。项伯即入见沛公。沛公奉卮酒为寿⑭，约为婚姻⑮，曰："吾入关，秋豪⑯不敢有所近，籍吏民⑰，封府库，而待将军。所以遣将守关者，备他盗之出入与非常⑱也。日夜望将军至，岂敢反乎！愿伯具言臣之不敢倍德⑲也。"项伯许诺，谓沛公曰："旦日不可不蚤⑳自来谢㉑项王。"沛公曰："诺。"于是项伯复夜去，至军中，具以沛公言报㉒项王。因言曰："沛公不先破关中，公岂敢入乎？今人有大功而击之，不义也，不如因善遇之。"项王许诺。

【注释】

① 左尹：楚国的官名，令尹的助手。

② 素善：向来熟识。

③ 之：到。

④ 具：齐备。

⑤ 鲰生：浅陋无知的、无名的小人。鲰，浅陋，愚昧。

⑥ 距：通"拒"。

⑦ 内：接纳，后作"纳"。

⑧ 当：匹敌。

⑨ 安：怎么。

⑩ 有故：有交情。

⑪ 游：交游。

⑫ 兄事之：尊他为老大哥，以大哥之礼对待他。

⑬ 要：通"邀"，有强邀之意。

⑭ 奉卮酒为寿：举杯敬酒祝福。古时进酒爵于尊者之前而致辞祝颂叫上寿。卮，圆底酒杯。

⑮ 约为婚姻：相约联姻，结为儿女亲家。

⑯ 秋豪：秋天的动物换毛时刚生出的细毛，喻细小。豪，通"毫"。

⑰ 籍吏民：编造户口册，登记官民的户籍。籍，登记，记录。

⑱ 非常：变故，意外事态。非，不。

⑲ 倍德：背信弃义。倍，同"背"。

⑳ 蚤：同"早"。

㉑ 谢：谢罪，请罪。

㉒ 报：转告。

【译文】

　　楚国的左尹项伯，是项羽的叔父，一向跟留侯张良要好。张良这时正跟随沛公，项伯连夜骑马到沛公军中，私下会见了张良，把事情一一告诉了他，想叫张良跟他一起离开。项伯说："不要跟沛公一块儿送死啊！"张良说："我是为韩王来护送沛公的，沛公如今遇到了危急情况，我若逃走就太不仁不义了，不能不告诉他。"张良于是进入军帐，把项伯的话全部告诉了沛公。沛公大为吃惊，说："该怎么办呢？"张良说："是谁给大王出的派兵守关的主意？"沛公说："一个浅陋小人劝我说：'守住函谷关，不要让诸侯军进来，您就可以占据整个秦地称王了。'所以我听了他的话。"张良说："估计您的兵力敌得过项王吗？"沛公沉默不语，过了一会说："当然敌不过，那该怎么办呢？"张良说："请让我前去告诉项伯，就说沛公是不敢背叛项王的。"沛公说："您何以跟项伯有交情呢？"张良说："还是在秦朝的时候，我们就有交往，项伯杀了人，我救了他的命。如今情况危急，幸好他来告诉我。"沛公说："你们两人谁的年龄大？"张良说："他比我大。"沛公说："您替我把他请进来，我要像对待兄长一样侍奉他。"张良出去邀请项伯。项伯进来与沛公相见。沛公捧着酒杯，向项伯献酒祝寿，又约定与他结为儿女亲家，说："我进驻函谷关以后，秋毫不敢接近，登记了官民的户口，查封了各类仓库，只等着项将军到来。我之所以派兵守关，是为了防备其他盗贼窜入和意外的变故。我日夜盼着项将军到来，哪里敢谋反啊！希望您详细转告项将军说我绝不敢忘恩负义。"项伯答应了，对沛公说："明天一定要早点亲自来向项王道歉。"沛公说："是。"于是项伯又乘夜离开，回到军营中，把沛公的话一一转告了项王。接着又说："如果不是沛公先攻破关中，您怎么敢进关呢？如今人家有大功反而要攻打人家，这是不符合道义的，不如就此好好款待他。"项王答应了。

沛公旦日从百余骑①来见项王，至鸿门，谢曰："臣与将军戮力而攻秦，将军战河北，臣战河南②，然不自意能先入关破秦，得复见将军于此。今者有小人之言，令将军与臣有郤。"项王曰："此沛公左司马曹无伤言之；不然，籍何以至此？"项王即日因留沛公与饮。项王、项伯东向坐。亚父南向坐。亚父③者，范增也。

沛公北向坐，张良西向侍。范增数目④项王，举所佩玉玦以示之者三⑤，项王默然不应。范增起，出召项庄，谓曰："君王为人不忍⑥，若入前为寿，寿毕，请以剑舞，因击沛公于坐，杀之。不者⑦，若属皆且为所虏。"庄则入为寿。寿毕，曰："君王与沛公饮，军中无以为乐，请以剑舞。"项王曰："诺。"项庄拔剑起舞，项伯亦拔剑起舞，常以身翼蔽⑧沛公，庄不得击。于是张良至军门，见樊哙。樊哙曰："今日之事何如？"良曰："甚急。今者项庄拔剑舞，其意常在沛公也。"哙曰："此迫矣，臣请入，与之同命。"哙即带剑拥盾入军门。交戟之卫士⑨欲止不内，樊哙侧其盾以撞⑩，卫士仆地⑪，哙遂入，披⑫帷西向立，瞋目⑬视项王，头发上指，目眦尽裂⑭。项王按剑而跽⑮曰："客何为者？"张良曰："沛公之参乘⑯樊哙者也。"项王曰："壮士，赐之卮酒。"则与斗⑰卮酒。哙拜谢，起，立而饮之。项王曰："赐之彘肩⑱。"则与一生彘肩。樊哙覆其盾于地，加彘肩上，拔剑切而啖⑲之。项王曰："壮士！能复饮乎？"樊哙曰："臣死且不避，卮酒安足辞！夫秦王有虎狼之心，杀人如不能举⑳，刑人如恐不胜㉑，天下皆叛之。怀王与诸将约曰'先破秦入咸阳者王之'。今沛公先破秦入咸阳，豪毛不敢有所近，封闭宫室，还军霸上，以待大王来。故遣将守关者，备他盗出入与非常也。劳苦而功高如此，未有封侯之赏，而听细说㉒，欲诛有功之人。此亡秦之续耳，窃为大王不取也。"项王未有以应，曰："坐。"樊哙从良坐。坐须臾，沛公起如厕㉓，因招樊哙出。

【注释】

① 从百余骑：带领随从一百多人。骑，骑兵。
② 河北、河南：泛称，分别指黄河以北和以南的地区。河，黄河。
③ 亚父：尊敬的称呼。亚，次于。
④ 数目：屡视，频频使眼色。目，用眼色示意。

⑤ 玉玦：环形而有缺口的佩玉。玦，与"决"谐音。举玉示意项羽下决心杀掉刘邦。三：这里表示好几次。
⑥ 不忍：不能果断地下手，不狠心，心肠软。
⑦ 不者：否则。不，音否。
⑧ 翼蔽：像鸟张开翅膀一样遮住、掩护。
⑨ 交戟之卫士：持戟交叉着把守军门的卫士。交戟，把戟交叉起来。
⑩ 侧其盾以撞：横着盾牌撞击卫士。撞，横击。
⑪ 仆地：倒地。
⑫ 披：分开。
⑬ 瞋目：睁大眼睛。
⑭ 目眦尽裂：眼眶都要裂开了。眦，眼眶。
⑮ 跽：长跪，挺直上身而跪。古人席地而坐，坐时臀部压在小腿上，挺直上身就显得身子长了，叫长跪，就是跽。
⑯ 参乘：即骖乘，也称陪乘，古代乘车，驾车的人在中间，尊者在左，居于右侧担任护卫的便是参乘，又叫车右。
⑰ 斗：古代盛酒器中较大的。
⑱ 彘肩：猪腿。
⑲ 啖：吃。
⑳ 举：尽，全。
㉑ 刑人：给人用刑。胜：尽，极。
㉒ 细说：谗言。
㉓ 如厕：上厕所。如，往，到。

【译文】

第二天清早，沛公带着一百多名侍从人马来见项王，到达鸿门，向项王赔罪说："我跟将军合力攻秦，将军在河北作战，我在河南作战，却没想到我能先破秦入关，得以在这里又见到将军。现在有小人说了什么坏话，使得将军和我之间产生了嫌隙。"项王说："是您的左司马曹无伤说的，不然，我怎么会这样呢！"项王当日就让沛公留下一起喝酒。项王、项伯面朝东坐，亚父面朝南坐。亚父也就是范增。沛公面朝北坐，张良面朝西陪坐着。范增好几次向项王递眼色，又数次举起身上所佩戴的玉向他暗示，项王只是沉默着，没有反应。范增起身，出去叫来项庄，对他说："君王为人心肠太软，你进去上前献酒祝寿，然后请求舞剑，趁机把沛公刺杀在座席上。不然的话，你们这些人都将成为人家的俘虏。"项庄进来，上前献酒祝寿。祝酒完毕，对项王说："君王和沛公饮酒，军营中没有什么可以娱乐的，就让我来舞剑吧。"项王说："好。"项庄就拔剑起舞，项伯也拔剑起舞，常常用身体掩护沛公，项庄没有机会刺击沛公。见此情景，张良走到军门，找来樊哙。樊哙问道："今天的事情怎么样？"张良说："很危急！现在项庄正在舞剑，他一直在打沛公的主意啊！"樊哙说："太危险了！让我进去，我要跟沛公同生死！"樊哙带着宝剑拿着盾牌就往军门里闯。守门的卫士举起戟交叉着挡住不让他进去，樊哙侧过盾牌一撞，卫士仆倒在地，樊哙于是进入军门，挑开帷帐面朝西站定，睁大眼睛怒视着项王，头发根根竖起，两边的眼角都要睁裂了。项王伸手按住宝剑，挺直身子，问："来客是干什么的？"张良说："是沛公的参乘，叫樊哙。"项王说："壮士！赐他一杯酒！"手下的人给他递上来一大杯酒。樊哙跪谢，起身站着喝光了。项王说："赐他一只猪肘！"手下的人递过来一整只猪肘。樊哙把盾牌翻扣在地上，把猪肘放在上面，拔出剑来边切边吃。项王说："好一位壮士！还能再喝吗？"樊哙说："我连死都不在乎，一杯酒又有什么好推辞的！那秦王心狠如虎狼，杀人唯恐杀不完，处罚刑人唯恐不重，天下人都叛离了他。怀王曾经和诸将约定说'先击败秦军进入咸阳的在关中称王'。如今沛公先击败秦军进入咸阳，秋毫无犯，封闭宫室，把军队撤回到霸上，等待大王您的到来。特地派遣将士把守函谷关，为的是防备其他盗贼窜入和意外的变故。沛公如此劳苦功高，没有得到封侯的赏赐，您反而听信小人的谗言，要杀害有功之人。这只能是走暴秦的老路，我私下认为大王您不应该采取这种做法！"项王无言以对，只是说："坐。"樊哙挨着张良坐下来。坐了一会儿，沛公起身上厕所，顺便把樊哙叫了出来。

沛公已出，项王使都尉陈平召沛公。沛公曰："今者出，未辞也，为之奈何？"樊哙曰："大行不顾细谨，大礼不辞小让①。如今人方为刀俎②，我为鱼肉③，何辞为！"于是遂去。乃令张良留谢。良问曰："大王来何操④？"曰："我持白璧一双，欲献项王，玉斗⑤一双，欲与亚父。会⑥其怒，不敢献。公为我献之。"张良曰："谨诺。"当是时，项王军在鸿门下，沛公军在霸上，相去四十里。沛公则置⑦车骑，脱身独骑，与樊哙、夏侯婴、靳强、纪信等四人持剑盾步走⑧，从郦山⑨下，道芷阳间行⑩。沛公谓张良曰："从此道至吾军，不过二十里耳。度⑪我至军中，公乃入。"沛公已去，间至军中，张良入谢，曰："沛公不胜桮杓⑫，不能辞。谨使臣良奉白璧一双，再拜献大王足下⑬；玉斗一双，再拜⑭奉大将军足下。"项王曰："沛公安在？"良曰："闻大王有意督过⑮之，脱身独去，已至军矣。"项王则受璧，置之坐上。亚父受玉斗，置之地，拔剑撞而破之，曰："唉！竖子⑯不足与谋。夺项王天下者，必沛公也，吾属今为之虏矣。"沛公至军，立诛杀曹无伤。

【注释】

① 大行不顾细谨，大礼不辞小让：干大事不要顾及细小的差池，行大礼就不要怕小的责难。就是说干大事的人不必拘泥小节。大行、大礼，指大事，大节。细谨、小让，喻琐屑末务。
② 刀俎：刀和切肉的砧板。
③ 鱼肉：被割待烹之物，喻处于任人宰割的地位。

④ 何操：带了什么。操，持，拿。
⑤ 玉斗：玉制酒器。
⑥ 会：正赶上，恰巧。
⑦ 置：抛弃，丢下。
⑧ 步走：徒步逃走，指不骑马乘车。
⑨ 郦山：即骊山，在鸿门西，今陕西临潼东。
⑩ 道：取道，经过。芷阳：秦县名，治所在今陕西西安东。间行：抄小道走。
⑪ 度：估计。
⑫ 不胜桮杓：意思是不能再喝。不胜，禁不起。桮杓，即杯勺，酒器的代称，这里借指酒。
⑬ 足下：对人的敬称。
⑭ 再拜：表示恭敬的礼节，这里就是恭敬、郑重的意思。
⑮ 督过：责备。
⑯ 竖子：小子、奴才。范增明骂项庄，而暗恨项羽的优柔寡断。

【译文】

沛公出来后，项王派都尉陈平来叫沛公。沛公对樊哙说："现在我出来，没有来得及告辞，怎么办？"樊哙说："干大事不必顾及小的礼节，讲大节无须躲避小的责备。如今人家好比是刀子砧板，而我们成了任人宰割的鱼肉，还告辞什么！"于是决定不辞而别，让张良留下来向项王致歉。张良问："大王来的时候带了什么礼物？"沛公说："我带来一双白璧，打算献给项王；一对玉斗，准备献给亚父。正赶上他们发怒，没敢献上。你替我献上吧。"张良说："遵命。"这个时候，项王部队驻扎在鸿门一带，沛公的部队驻扎在霸上，两军相距四十里。沛公丢下车马，独自骑马脱身而去，樊哙、夏侯婴、靳强、纪信等四人手持剑盾，跟在后面徒步奔跑，从骊山而下，取道芷阳抄小路而行。沛公临行前对张良说："从这条路到我们军营，不过二十里路。估计我回到了军营,你再进去。"沛公等一行人离开鸿门,抄小路回到军营,张良进去致歉,说道:"沛公酒量不大,喝得多了点,不能跟大王告辞了。谨让臣下捧上白璧一双,敬献给大王足下;玉斗一对,恭献给大将军足下。"项王问道:"沛公在什么地方?"张良答道:"听说大王有意责怪他,他就脱身一个人走了,现在已经回到军营。"项王接过白璧,放在座位上。亚父接过玉斗,扔在地上,拔出剑来击得粉碎,说:"唉!项庄这班小子不值得与他们共谋大事。夺取项王天下的,一定是沛公了,我们这些人就要成为俘虏了!"沛公回到军中,立即杀了曹无伤。

项王军壁①垓下②,兵少食尽,汉军及诸侯兵围之数重。夜闻汉军四面皆楚歌③,项王乃大惊曰:"汉皆已得楚乎?是何楚人之多④也!"项王则夜起,饮帐中。有美人名虞,常幸从;骏马名骓⑤,常骑之。于是项王乃悲歌慷慨,自为诗曰:"力拔山兮气盖世,时不利兮骓不逝⑥。骓不逝兮可奈何,虞兮虞兮奈若何⑦!"歌数阕⑧,美人和⑨之。项王泣数行下,左右皆泣,莫能仰视。

【注释】

① 壁:筑壁,修筑营垒。
② 垓下:古地名,故址在今安徽灵璧东南。
③ 四面皆楚歌:此时汉军收缩包围,刘邦令多是楚人的汉军唱楚地民歌,用以瓦解项羽军心。
④ 何楚人之多:怎么楚人这么多。
⑤ 骓:一种毛色青白相间的马。
⑥ 逝:奔驰。
⑦ 奈若何:把你怎么办。
⑧ 歌数阕:一连唱了好几遍。阕,乐曲每终了一次叫一阕。

⑨ 和：跟着唱。

【译文】

　　项王的部队在垓下修筑了营垒，兵少粮尽，汉军会同诸侯军队将他们团团围了好几层。深夜，听到汉军在四面唱着楚地的歌，项王大为吃惊，说："难道汉军已经完全取得了楚地？怎么汉军中这么多楚人呢？"项王夜里起来，在帐中饮酒。有美人名虞，一直受宠跟在项王身边；有骏马名骓，项王一直骑着。这时候，项王不禁慷慨悲歌，自己作诗吟唱道："力大足以拔起一座山呀，英雄气概举世无双；时运不济呀，骓马也无法驰骋！骓马不奔驰啊，可怎么办；虞姬呀虞姬，怎么安排你呀才妥善！"唱了几遍，美人虞姬也和诗伴唱。项王泪流数行，左右侍者也都跟着落泪，没有一个人忍心抬起头来看他。

　　于是项王乃上马骑，麾下①壮士骑从者八百余人，直②夜溃围南出，驰走。平明，汉军乃觉之，令骑将灌婴以五千骑追之。项王渡淮，骑能属③者百余人耳。项王至阴陵④，迷失道，问一田父⑤，田父绐⑥曰"左"。左⑦，乃陷大泽⑧中。以故汉追及之。项王乃复引兵而东，至东城⑨，乃有二十八骑。汉骑追者数千人。项王自度不得脱⑩。谓其骑曰："吾起兵至今八岁矣，身七十余战，所当者破，所击者服，未尝败北，遂霸有天下。然今卒困于此，此天之亡我，非战之罪也。今日固决死，愿为诸君快战⑪，必三胜之，为诸君溃围，斩将，刈旗⑫，令诸君知天亡我，非战之罪也。"乃分其骑以为四队，四向。汉军围之数重。项王谓其骑曰："吾为公取彼一将。"令四面骑驰下，期山东为三处⑬。于是项王大呼驰下，汉军皆披靡⑭，遂斩汉一将。是时，赤泉侯⑮为骑将，追项王，项王瞋目而叱之，赤泉侯人马俱惊，辟易⑯数里。与其骑会为三处。汉军不知项王所在，乃分军为三，复围之。项王乃驰，复斩汉一都尉，杀数十百人，复聚其骑，亡其两骑耳。乃谓其骑曰：

"何如？"骑皆伏⑰曰："如大王言。"

【注释】

① 麾下：部下。
② 直：同"值"，当，趁。
③ 属：跟上，跟随。
④ 阴陵：古地名，在今安徽定远西北。
⑤ 田父：农夫，耕田的人。
⑥ 绐：欺骗。
⑦ 左：向左行。
⑧ 大泽：低洼多水之地。
⑨ 东城：古地名，在今安徽定远东南。
⑩ 自度不得脱：自己估量不能脱险。度，估计。
⑪ 快战：痛快地打一仗。
⑫ 刈旗：砍倒军旗。
⑬ 期山东为三处：约定在山的东面分三处集合。山，指四溃山，在今安徽和县北。
⑭ 披靡：原指草木随风倒伏，这里比喻汉军溃败四散。
⑮ 赤泉侯：即汉将杨喜，赤泉侯为其封号。
⑯ 辟易：惊退。
⑰ 伏：通"服"，佩服，敬服。

【译文】

于是项王跨上马背，部下壮士八百多人骑着马相随，趁夜突破重围，向南冲出，纵马狂奔。天快亮的时候，汉军才发觉，命令骑将灌婴带领五千骑兵去追赶。项王渡过淮河，部下壮士能跟上的只剩下一百多人了。项王到达阴陵，迷了路，问一个农夫，农夫骗他说："向左边走。"项王带人向左，陷进了大沼泽地中，后被汉兵追上了。项王又带着骑兵向东,到达东城,只剩下二十八名随骑了。汉军骑兵追赶上来的有几千人。项王估计不能逃脱了,对他的部下说:"我自起兵至今已经八年了,身经七十余战,阻挡我的都被打垮,遭我攻击的敌人无不降服,从来没有打过败仗,故而能够称霸,据有天下。可是如今被困在这个地方,这是上天要亡我,不是作战失误啊!今天一定要战死了,让我给诸位打个痛痛快快的仗,一定胜它三回,给诸位冲破重围,斩杀汉将,砍倒军旗,叫诸位知道的确是上天要灭亡我,绝不是作战的过错。"于是把骑兵分成四队,面朝四个方向。汉军包围他们好几层。项王对他的骑兵们说:"我来给你们斩一汉将!"命令四面骑士驱马飞奔而下,约定冲到山的东边分作三处集合。于是项王高声呼喊着冲了下去,汉军像草木随风倒伏一样溃败了,于是杀掉了一名汉将。这时,赤泉侯杨喜为汉军骑将,在后面追赶项王,项王瞪大眼睛对他大喊一声,赤泉侯连人带马都吓坏了,倒退了好几里。项王与他的骑兵在三处会合了。汉军不知项王的去向,就把部队分为三路,再次包围上来。项王驱马冲了上去,又斩了一名汉军都尉,杀死了数百人,再次聚拢骑兵,仅仅损失了两名骑兵。项王对他的骑兵们说:"怎么样?"骑兵们都敬服地说:"正如大王所说的那样。"

　　于是项王乃欲东渡乌江①。乌江亭长舣②船待,谓项王曰:"江东虽小,地方千里,众数十万人,亦足王也。愿大王急渡。今独臣有船,汉军至,无以渡。"项王笑曰:"天之亡我,我何渡为!且籍与江东子弟八千人渡江而西,今无一人还,纵③江东父兄怜而王我,我何面目见之?纵彼不言,籍独不愧于心乎?"乃谓亭长曰:"吾知公长者。吾骑此马五岁,所当无敌,尝一日行千里,不忍杀之,以赐公。"乃令骑皆下马步行,持短兵接战。独籍所杀汉军数百人。项王身亦被十余创④。顾见汉骑司马⑤吕马童,曰:"若非吾故人乎?"马童面之,指⑥王翳曰:"此项王也。"项王乃曰："吾闻汉购⑦我头千金,邑万户,吾为若德⑧。"乃自刎而死。王翳取其头,余骑相蹂践争项王,相杀者数十人。最其后,郎中骑杨喜,骑司马吕马童,郎中吕胜、杨武各得其一体。五人共会其体⑨,皆是。故分其地为五:封吕马童为中水侯,封王翳为杜衍侯,封杨喜为赤泉侯,封杨武为吴防侯,封吕胜为涅阳侯。

【注释】

① 乌江:即今乌江浦,在今安徽和县东北四十里长江西岸渡口。
② 亭长:秦、汉时乡官名,十里一亭,设亭长一人。舣:同"檥",停船靠岸以待渡者。
③ 纵:即使。
④ 被:遭受。创:伤。
⑤ 顾见:回头看见。骑司马:骑兵将领官名。
⑥ 指:指给……看。
⑦ 购:悬赏缉拿。
⑧ 吾为若德:我就送你个人情吧。若,你。德,恩德。
⑨ 共会其体:拼合项羽的尸体。体,身体的一部分,四肢加头合称五体。

【译文】

  这时候,项王想要向东渡过乌江。乌江亭长正备船靠岸等在那里,对项王说:"江东虽然小,但土地纵横千里,民众几十万,也足够称王了。希望大王快快渡江。现在只有我这儿有船,汉军到了,没法渡过去。"项王笑了笑说:"上天要亡我,我还渡江干什么!再说我和江东子弟八千人渡江西征,如今没有一个人回来,纵使江东父老兄弟可怜我的困顿而奉我为王,我又有什么脸面去见他们?即使他们不说什么,我项籍难道心中没有愧吗?"于是对亭长说:"我知道您是位忠厚长者,我骑着这匹马征战了五年,所向无敌,曾经日行千里,我不忍心杀掉它,把它送给您吧。"命令骑兵都下马步行,手持短兵器与追兵交战。

光项籍一个人就杀掉汉军几百人。项王身上也负了十几处伤。项王回头看见汉军骑司马吕马童,说:"你不是我的老相识吗?"马童这时才跟项王打了个对脸儿,于是指着项王对王翳说:"这就是项王。"项王说:"我听说汉王用悬赏千金、封邑万户征求我的脑袋,我就送你个人情吧。"说完,自刎而死。王翳拿下项王的头,其他骑兵互相践踏争抢项王的躯体,由于相争而被杀死的有几十人。最后,郎中骑将杨喜、骑司马吕马童、郎中吕胜、杨武各争得一个肢体。五人到一块把肢体拼合,正好都对。因此,把项羽的土地分成五块:封吕马童为中水侯,封王翳为杜衍侯,封杨喜为赤泉侯,封杨武为吴防侯,封吕胜为涅阳侯。

项王已死,楚地皆降汉,独鲁不下。汉乃引天下兵欲屠之,为其守礼义,为主死节①,乃持项王头视鲁②,鲁父兄乃降。始③,楚怀王初封项籍为鲁公,及其死,鲁最后下,故以鲁公礼葬项王谷城。汉王为发哀,泣之而去。

【注释】

① 死节:为节操而死。
② 视鲁:给鲁人看。视,通"示",出示,给……看。
③ 始:当初。

【译文】

项王一死,楚地全都投降了汉王,只有鲁地不降服。汉王率领天下之兵想要屠戮鲁城,但因为他们恪守礼义,为君主守节不惜一死,就拿着项王的头给鲁人看,鲁地父老这才投降。当初,楚怀王封项籍为鲁公,等他死后,鲁国又最后投降,所以用鲁公的礼仪把项王安葬在谷城。汉王为他发丧,哭泣离去。

诸项氏枝属①,汉王皆不诛。乃封项伯为射阳侯。桃侯②、平皋侯③、玄武侯皆项氏,赐姓刘。

【注释】

① 枝属:宗族。
② 桃侯:名襄。桃在今山东汶上东北。
③ 平皋侯:名佗。平皋在今河南温县东。

【译文】

所有项氏的宗族,汉王都不加杀戮。封项伯为射阳侯。桃侯、平皋侯、玄武侯都是项氏,赐姓刘。

太史公曰:吾闻之周生①曰"舜目盖重瞳子②",又闻项羽亦重瞳子。羽岂其苗裔③邪?何兴之暴④也!夫秦失其政,陈涉首难,豪杰蜂起,相与并争,不可胜数。然羽非有尺寸⑤,乘埶起陇亩之中⑥,三年,遂将五诸侯⑦灭秦,分裂天下,而封王侯,政由羽出,号为"霸王",位虽不终,近古以来未尝有也。及羽背关怀楚⑧,放逐义帝而自立,怨王侯叛己,难矣。自矜功伐⑨,奋其私智而不师古,谓霸王之业,欲以力征⑩经营天下,五年卒亡其国,身死东城,尚不觉寤⑪而不自责,过矣。乃引⑫"天亡我,非用兵之罪也",岂不谬哉!

【注释】

① 周生:汉代一个姓周的儒生。
② 盖:大概。重瞳子:每只眼中有两个瞳仁。
③ 苗裔:后代。
④ 何兴之暴:怎么起来得这么突然。暴,突然。
⑤ 尺寸:形容微少,这里指项羽没有什么权柄。

⑥ 埶：同"势"，势头，趋势，时机。陇亩之中：田野之中，指民间。陇，同"垄"。

⑦ 五诸侯：指战国时的齐、赵、韩、魏、燕五个诸侯国的起义军。

⑧ 背关怀楚：放弃关中，怀念楚地；指项羽舍弃关中有利的地理形势，而思念家乡建都彭城这件事。背，弃。

⑨ 矜：夸耀。功伐：功劳，伐与功同义。

⑩ 力征：以武力征伐。

⑪ 寤：同"悟"，醒悟。

⑫ 乃：竟然。引：拿过来，这里有借口的意思。

【译文】

太史公说：我听周生讲"虞舜的每只眼睛可能有两个瞳仁"，又听说项羽也是如此。项羽难道是舜的后代吗？不然的话他的发迹怎么那么突然啊！秦朝施行暴政，陈涉首先发难，各路豪杰蜂拥而起，互相争夺天下，不可胜数。然而项羽并没有任何权柄，借着天下大乱的形势起于民间，仅三年的时间，就率领齐、赵、韩、魏、燕等五诸侯国的军队灭掉了秦王朝。分割天下封王赏侯，政令全都出自项羽，号称"霸王"，他的地位虽然没能保全始终，但也是近古以来不曾有过的。等到项羽舍弃关中之地，思念楚国建都彭城，放逐义帝自立为王，而又埋怨诸侯背叛自己，想成大事可就难了。他自夸战功，竭力施展个人的聪明，却不肯师法古人，以为霸王的功业，要靠武力征伐经营治理天下，结果五年终于丢了国家，身死东城，仍不觉悟自责，实在是太错误了。还要借口"上天要亡我，不是用兵的过错"来自我开脱，难道不荒谬吗？

齐太公世家(节选)

太公望吕尚者,东海上①人。其先祖尝为四岳,佐禹平②水土甚有功。虞夏之际封③于吕,或封于申,姓姜氏。夏商之时,申、吕或封枝④庶子孙,或为庶人⑤,尚其后苗裔⑥也。本姓姜氏,从其封姓,故曰吕尚。

【注释】

① 东海:此处泛指今江苏、山东一带沿海,非今之东海。上:边,畔。
② 佐:辅佐。平:治理。
③ 封:帝王把土地或爵位给予亲属或臣僚。
④ 枝:同"支"。
⑤ 庶人:平民。
⑥ 苗裔:后代子孙。

【译文】

太公望吕尚,东海边上的人。他的祖先曾经担任掌管四方部落的官职,辅佐夏禹治水,立有大功。虞夏之际被封在吕城,也有的被封在申城,姓姜。夏商之时,申及吕城有的封给旁支子孙,有的成为平民,吕尚是他们的后代。本来姓姜,后来以他的封邑作姓氏,所以名叫吕尚。

吕尚盖尝穷困,年老矣,以渔钓奸①周西伯。西伯将出猎,卜之,曰"所获非龙非彲②,非虎非罴③;所获霸王之辅"。于是周西伯猎,果遇太公于渭之阳④,与语大说⑤,曰:"自吾先君太公曰'当有圣人适⑥周,周以兴'。子真是邪?吾太公望子久矣。"故号之曰"太公望",载与俱归,立为师。

【注释】

① 奸:通"干",追求,求取,旧指追求职位俸禄。

② 螭:通"魑",传说中的一种没有角的龙。

③ 罴:亦称"棕熊""马熊""人熊",哺乳动物,体大,肩部隆起,能爬树、游水,掌和肉可食,皮可做褥子,胆可入药。

④ 阳:山南水北。

⑤ 说:同"悦"。

⑥ 适:到。

【译文】

吕尚未发迹前,曾经穷困潦倒,年老了,利用钓鱼的机会求见周西伯。西伯准备外出打猎,出猎前卜卦,卦辞说:"所得到的不是龙也不是螭,不是虎也不是熊,所得到的是霸王的辅佐。"于是西伯外出打猎,果然在渭水北岸遇见太公,与他交谈,大为高兴,就说:"从前我先君太公曾说过:'当有圣人到周国来,周将依靠他而兴盛。'您就是这个人吗?我太公期望您好久啦!"所以称他作太公望,周西伯和他同车而归,任命他为统帅军队的长官。

或曰,太公博闻,尝事纣。纣无道,去之。游说诸侯,无所遇,而卒西归周西伯。或曰,吕尚处士①,隐海滨。周西伯拘羑里②,散宜生、闳夭素知而招吕尚。吕尚亦曰"吾闻西伯贤,又善养老,盍③往焉"。三人者为西伯求美女奇物,献之于纣,以赎西伯。西伯得以出,反④国。言吕尚所以事周虽异,然要⑤之为文武师。

【注释】

① 处士：隐士。
② 羑里：古邑名，在今河南汤阴北。
③ 盍：何不。
④ 反：同"返"。
⑤ 要：使，让，叫。

【译文】

有人说，太公见闻广博，曾经侍奉纣王。因为纣王暴虐无道，弃职而去。游说列国诸侯间，没有赏识他的人，最后往西归顺周西伯。又有人说，吕尚是隐士，隐居在海滨。周西伯被纣王拘囚在羑里，散宜生、闳夭平素知道吕尚的贤德而邀请他。吕尚也说："我听说西伯贤明，又能很好地赡养老人，何不去他那儿？"三人合作替西伯求取美女珍宝献给纣来赎西伯，西伯因此被释放，返回周国。虽然吕尚投向周的经过说法各不相同，但都说他是周文王、武王的军队统帅。

周西伯昌之脱羑里归，与吕尚阴谋①修德以倾②商政，其事多兵权③与奇计，故后世之言兵及周之阴权皆宗④太公为本谋⑤。周西伯政平，及断虞芮⑥之讼，而诗人称西伯受命曰文王。伐崇、密须、犬夷⑦，大作⑧丰邑。天下三分，其二归周者，太公之谋计居多。

【注释】

① 阴谋：暗中策划。
② 倾：衰败，此指颠覆。
③ 兵权：用兵的计谋。
④ 阴权：阴谋权术。宗：尊崇。
⑤ 本谋：主要策划者。

⑥ 虞：古国名，在今山西平陆。芮：古国名，在今陕西大荔南。
⑦ 犬夷：古代部族名，西周时活动在今陕西一带。
⑧ 作：建设。

【译文】
　　周西伯姬昌从羑里脱身归来，和吕尚暗中谋划施行德政来推翻商的政权，其中有许多是用兵的权谋和奇妙的计策，所以后世谈论用兵及周王朝的阴谋权术，都推崇太公是主要策划者。周西伯政治清平，以致免除了虞人与芮人的争讼，而诗人称道西伯受天命号为文王。讨伐崇国、密须与犬夷，大规模建设丰邑。天下三分之二都归附了周，多半是太公所图谋策划的。

　　文王崩，武王即位。九年，欲修①文王业，东伐以观诸侯集否。师行，师尚父左杖②黄钺③，右把白旄④以誓，曰："苍兕⑤苍兕，总⑥尔众庶，与尔舟楫，后至者斩！"遂至盟津⑦。诸侯不期⑧而会者八百诸侯。诸侯皆曰："纣可伐也。"武王曰："未可。"还师，与太公作此《太誓》。

【注释】
① 修：循，遵循。
② 杖：执、持。
③ 钺：古代兵器，青铜或铁制成，形状像板斧而较大，为帝王所专用，或特赐给专主征伐的重臣。
④ 旄：本用牦（lí）牛尾，置于旗杆顶端，故曰旄。
⑤ 苍兕：古书上所说的雌犀牛，这里指主管船只的军官官职名。
⑥ 总：统领。
⑦ 盟津：又作孟津，黄河渡口名，在今河南孟津东。
⑧ 期：约会，约定。

【译文】

文王去世，武王即位。九年后，武王打算继承文王的事业，东伐商纣，看看诸侯是否听从号令。部队出发，国师尚父左手持黄钺，右手握白旄誓师道："苍兕苍兕，统领你们的部众和你们的船只，迟到者斩！"于是到了盟津。诸侯事先没有约定而到会的就有八百，诸侯都说："可以伐纣了。"武王说："还没到时候。"率师回来，与太公作了这篇《太誓》。

居二年，纣杀王子比干，囚箕子。武王将伐纣，卜①龟兆，不吉，风雨暴至。群公尽惧，唯太公强之劝武王，武王于是遂行。十一年正月甲子，誓于牧野②，伐商纣。纣师败绩③。纣反走，登鹿台，遂追斩纣。明日，武王立于社④，群公奉明水⑤，卫康叔封布采⑥席，师尚父牵牲，史佚策祝⑦，以告神讨纣之罪。散鹿台之钱，发钜桥之粟，以振⑧贫民。封⑨比干墓，释箕子囚。迁九鼎⑩，修周政，与天下更始⑪。师尚父谋居多。

【注释】

① 卜：古人用火灼龟甲，根据裂纹来预测吉凶。

② 牧野：古地名，在河南淇县南，殷都朝歌的远郊区。

③ 败绩：军队完全崩溃。

④ 社：祭地神之所。

⑤ 明水：明洁之水。

⑥ 布：铺展。采：同"彩"。

⑦ 策祝：向神诵读祷告文。祝，祭神的祈祷词。

⑧ 振：同"赈"。

⑨ 封：培土。

⑩ 九鼎：传说夏禹平定水土划分九州之后，铸九个大鼎象征九州，

后成为天下最高权力的象征。

⑪ 更始：除旧布新，重新开始。

【译文】

　　过了两年，纣杀了王子比干，囚禁箕子。武王将要伐纣，卜卦时龟甲兆辞不吉利，风雨突然降临。公卿们都恐惧，只有太公坚持劝勉武王伐纣，武王于是出兵。武王十一年正月甲子日，在牧野誓师，讨伐商纣。纣军大败。商纣王掉头逃跑，登上鹿台，被追兵斩杀。第二天，武王站在土地神坛前，公卿们捧着明水，卫康叔陈铺彩席，师尚父牵着致祭的牲畜，史佚向神诵读祷告文，报告天神讨伐商纣之罪。分发鹿台的钱财，发放钜桥的粮食，以救济平民百姓。堆高比干的坟墓，释放被囚禁的箕子，迁移象征天子权位的九鼎，修明周的政务，与天下共开新纪元。以上开国的种种事迹，师尚父的谋略居多。

　　于是武王已平商而王①天下，封师尚父于齐营丘②。东就③国，道宿行迟。逆旅④之人曰："吾闻时难得而易失。客寝甚安，殆⑤非就国者也。"太公闻之，夜衣而行，犁⑥明至国。莱侯来伐，与之争营丘。营丘边莱。莱人，夷也，会纣之乱而周初定，未能集⑦远方，是以与太公争国。

【注释】

① 王：做天下之王。
② 营丘：古地名，在今山东昌乐东南。
③ 就：担任，开始从事。
④ 逆旅：客栈。
⑤ 殆：大概。
⑥ 犁：通"黎"。
⑦ 集：安定。

【译文】

　　于是武王灭了商纣后，称王天下，封师尚父于齐国营丘。太公东行去自己的封国，途中宿于客舍，走得很慢。客舍中人说："我听说时间难得而易失，客人睡得很安稳，大概不是赴国上任的人吧。"太公听到后，连夜穿好衣服赶路，天将亮时，已到了封国。正好遇到莱侯来攻打，与太公争营丘。营丘靠近莱国。莱人是夷族，正逢纣王的乱政而周初定天下，来不及安定远方各族，所以来和太公争国。

　　太公至国，修政，因^①其俗，简^②其礼，通商工之业，便鱼盐之利，而人民多归齐，齐为大国。及周成王少时，管、蔡作乱，淮夷畔^③周，乃使召康公命太公曰："东至海，西至河^④，南至穆陵，北至无棣，五侯九伯^⑤，实得征之。"齐由此得征伐，为大国。都营丘。

【注释】

① 因：承袭，沿袭，顺应，顺着。
② 简：简化，使得简单或较简单。
③ 畔：通"叛"。
④ 河：指黄河。
⑤ 五侯九伯：这里指各国诸侯。五侯，指公、侯、伯、子、男五等诸侯。九伯，指九州各地长官。伯，主管一方的长官。

【译文】

　　太公到了齐国，修治政务，依照当地风俗，简化礼仪，沟通商工各行业，发展渔盐生产，人民多来归附齐国，使齐成为大国，周成王即位，因年幼，管叔、蔡叔作乱，淮夷叛周，于是派召康公命令太公道："东到海，西到黄河，南到穆陵关，北到无棣，在此范围之内的五等诸侯、九州长官，若有罪，你都可以征讨他们。"齐从此代替天子征伐不服，成为大国，建都在营丘。

太史公曰：吾适齐，自泰山属①之琅邪，北被②于海，膏壤二千里，其民阔达多匿知③，其天性也。以太公之圣，建国本，桓公之盛，修善政，以为诸侯会盟，称伯，不亦宜乎？洋洋④哉，固大国之风也！

【注释】

① 属：连接。
② 被：到。
③ 匿知：深沉多智。知，同"智"。
④ 洋洋：盛大的样子。

【译文】

太史公说：我到齐国，看到齐地西起泰山，东连琅邪，北至大海，其间沃土两千里，此地人民心胸阔达而又深沉多智，这是他们的天性如此。由于太公的圣明，打好立国根基，由于桓公的盛德，施行善政，以此召集诸侯会盟，成为霸主，不是顺理成章的吗？广盛博大呀，确是大国风貌啊！

越王勾践世家（节选）

越王勾践，其先禹之苗裔，而夏后帝少康①之庶子也。封于会稽②，以奉守③禹之祀。文身断发④，披草莱⑤而邑⑥焉。后二十余世，至于⑦允常⑧。允常之时，与吴王阖庐⑨战而相怨伐。允常卒，子勾践立，是为越王。

【注释】

① 少康：禹的四世孙，夏朝的第五个王。
② 会稽：山名，原名茅山或苗山，因大禹在此大会诸侯，死后又葬于此山，所以改名会稽，在今浙江绍兴东南。
③ 奉守：恭恭敬敬地管理。
④ 文身断发：古代吴越一带的风俗，在身上刺画花纹，剪短头发，以避水中蛟龙之害。
⑤ 披草莱：除去野草，开辟荒地。披，拨开。莱，草名，即藜，此处指野草。
⑥ 邑：修筑城邑。
⑦ 至于：到，到了，到……时候。
⑧ 允常：第一任越王，越侯夫谭之子。越国在商、周之时本是侯国，春秋时被贬为子国，允常在位时，开辟疆土，始称越王。
⑨ 阖庐：也作阖闾，未袭位时称公子光，吴王诸樊之子，刺杀吴王僚而自代。

【译文】

　　越王勾践，他的先人是夏禹的后裔，夏朝少康帝的庶子。受封在会稽，恭敬地供奉继承着夏禹的祭祀。他们身刺花纹，留短发，披荆斩棘而修筑了城邑。传了二十多代，到了允常。允常在位的时候，与吴王阖庐因争斗而互相攻伐仇杀。允常逝世后，儿子勾践即位，这就是越王。

　　元年①，吴王阖庐闻允常死，乃兴师②伐越。越王勾践使死士③挑战，三行，至吴陈④，呼而自刭⑤。吴师观之，越因⑥袭击吴师，吴师败于檇李⑦，射伤吴王阖庐。阖庐且⑧死，告其子夫差曰："必毋忘越。"

【注释】

① 元年：即公元前496年。

② 兴师：发兵，出兵。

③ 死士：赦免了罪的敢死之士。

④ 三行：排成三行。陈：通"阵"。

⑤ 自刭：自杀。刭，砍头，割颈。

⑥ 因：趁机，趁势。

⑦ 檇李：古地名，在今浙江嘉兴南。

⑧ 且：即将，快要。

【译文】

　　越王勾践元年，吴王阖庐听说允常死了，就出兵攻伐越国。越王勾践派遣免了罪的敢死队向吴军挑战，勇士们排成三行，冲入吴军阵地，大呼着自刎身亡。吴兵看得目瞪口呆，越军趁机袭击吴军，在檇李大败吴军，射伤吴王阖庐。阖庐在弥留之际告诫儿子夫差说："一定不要忘记越国。"

三年，勾践闻吴王夫差日夜勒①兵，且以报②越，越欲先吴未发往伐之。范蠡③谏曰："不可。臣闻兵④者凶器也，战者逆德也，争者事之末⑤也。阴谋逆德，好用凶器，试身于所末，上帝禁之，行者不利。"越王曰："吾已决之矣。"遂兴师。吴王闻之，悉发精兵击越，败之夫椒⑥。越王乃以余兵五千人保栖⑦于会稽。吴王追而围之。

【注释】

① 勒：统率。
② 报：报复，报仇。
③ 范蠡：越国大夫，字少伯，本楚国宛(今河南南阳)人，隐居时被越大夫文种所赏识荐用。
④ 兵：兵器，武器。
⑤ 末：树梢，此处有下策的意思。
⑥ 夫椒：山名，在今江苏苏州西南。
⑦ 保栖：守卫保住。栖，居住，寄居。

【译文】

勾践三年，勾践获悉吴王夫差日夜操练士兵，将要报越国一箭之仇，便打算先发制人，在吴未发兵前去攻打它。范蠡进谏说："不行。我听说兵器是不祥之物，攻战是违反人道的行为，争战是解决问题的下策。使用阴谋去做违反人道的事，喜爱使用不祥之器，轻率地投身于下策，这都是上天所不容许的，这样做绝对不利。"越王说："我已经做出了决定。"于是举兵进军吴国。吴王听到消息后，动用全国精锐部队迎击越军，在夫椒大败越军。越王仅带领五千名残兵败将退守会稽。吴王乘胜追击包围了会稽。

越王谓范蠡曰："以不听子故至于此，为之奈何？"蠡对曰：

"持满者与天①，定倾者与人②，节事者以地③。卑辞厚礼以遗④之，不许，而身与之市⑤。"勾践曰："诺。"乃令大夫种行成⑥于吴，膝行顿首曰："君王亡臣勾践使陪臣种敢告下执事⑦：勾践请为臣，妻为妾⑧。"吴王将许之。子胥言于吴王曰："天以越赐吴，勿许也。"种还，以报勾践。勾践欲杀妻子，燔宝器⑨，触战⑩以死。种止勾践曰："夫吴太宰⑪嚭贪，可诱以利，请间行⑫言之。"于是勾践乃以美女宝器令种间献⑬吴太宰嚭。嚭受，乃见⑭大夫种于吴王。种顿首言曰："愿大王赦勾践之罪，尽入其宝器。不幸不赦，勾践将尽杀其妻子，燔其宝器，悉五千人触战，必有当⑮也。"嚭因说⑯吴王曰："越以⑰服为臣，若将赦之，此国之利也。"吴王将许之。子胥进谏曰："今不灭越，后必悔之。勾践贤君，种、蠡良臣，若反⑱国，将为乱。"吴王弗听，卒赦越，罢兵而归。

【注释】

① 持满：保守成业。持，保守，保持。与天：天与的倒装，意为天助，得到天的保佑。与，赐予，施予，给予。

② 定倾：使倾危的局面得以安定。与人："人与"的倒装，得到人的帮助，争取人民的赞助。

③ 节事：节约财用，致富。以地：因地制宜。以，用。

④ 卑辞：恭敬谦虚的话。厚礼：重礼。遗：赠送。

⑤ 市：贸易，引申为打交道，暗示降服。

⑥ 行成：求和。

⑦ 下执事：指侍从左右或供驱使的办事人员。

⑧ 臣、妾：这里都是奴隶的意思。

⑨ 宝器：珍宝和宗庙重器。

⑩ 触战：冲杀，拼一死战。

⑪ 太宰：官名，辅佐国君执政的百官之长。

⑫ 间行：潜行，从小路走。间，偏僻的小路。
⑬ 间献：暗中进献。
⑭ 见：进见，推荐，介绍。
⑮ 必有当：一定能取得相当的代价。
⑯ 说：劝说。
⑰ 以：通"已"，已经。
⑱ 反：通"返"，返回，归国。

【译文】

越王勾践对范蠡说："因为没听您的劝告才弄到这个地步，那该怎么办呢？"范蠡回答说："顺应天道才能够保住成业，得到人民的帮助才能够平定倾覆，因地制宜才能节约致富。现在，您对吴王要用谦卑的言辞，并赠给他优厚的礼物；如果他不答应，您就亲自前往侍奉他，把自身也抵押给吴国。"勾践说："好吧！"于是派大夫文种去向吴求和，文种跪在地上葡匐叩头进言说："君王的亡国臣民勾践派他的侍从文种斗胆向大王您请求：勾践请您允许他做您的奴仆，允许他的妻子做您的侍奴。"吴王将要答应越国的请求，伍子胥对吴王说："上天把越国赏赐给吴国，不要答应他。"文种回来后，将情况告诉了勾践。勾践想杀死妻子、儿女，焚烧珍宝重器，亲赴疆场拼一死战。文种阻止勾践说："吴国的太宰伯嚭十分贪婪，我们可以用重财诱惑他，请您允许我暗中去吴说动他。"于是勾践便让文种偷偷地给太宰伯嚭献上美女珠宝玉器。伯嚭欣然接受，将大夫文种引见给吴王。文种叩头说："希望大王能赦免勾践的罪过，全部占有越国的珍宝财富。万一不能侥幸得到赦免，勾践将把妻子、儿女全部杀掉，烧毁珍宝重器，率领他的五千名士兵与您决一死战，您也将付出相当的代价。"太宰伯嚭借机劝说吴王："越国已经降服为臣，如果就此赦免了它，对我国将是有利的。"吴王将要答应文种。伍子胥进谏说："今天不灭亡越国，以后必定后悔莫及。勾践是贤明的君主，大夫文种、范蠡都是贤能的大臣，如果勾践返回越国，必将作乱。"吴王不听子胥的谏言，终于赦免了越王，撤军回国。

勾践之困会稽也，喟然叹曰："吾终于此乎？"种曰："汤系夏台①，文王囚羑里②，晋重耳奔翟③，齐小白奔莒④，其卒王霸。由是观之，何遽不为福乎？"

【注释】

① 系：拘囚，拘禁。夏台：亦称均台，在今河南禹县南。
② 羑里：古邑名，在今河南汤阴北。
③ 重耳：即晋文公。翟：通"狄"。
④ 小白：即齐桓公。莒：春秋国名，在今山东省莒县一带。

【译文】

勾践被困在会稽时，曾经喟然长叹说："我将在此了结一生吗？"文种说："商汤曾被囚禁在夏台，周文王曾被围困在羑里，晋文公重耳曾到赤狄部族中逃命，齐桓公小白也曾逃往莒国，他们都终于称王称霸。由此看来，我们今日的处境何尝不可能成为福分呢？"

吴既赦越，越王勾践反国，乃苦身焦思，置胆于坐①，坐卧即仰胆，饮食亦尝胆也。曰："女忘会稽之耻邪？"身自耕作，夫人自织，食不加肉，衣不重采②，折节③下贤人，厚遇宾客，振④贫吊死，与百姓同其劳。欲使范蠡治国政，蠡对曰："兵甲之事，种不如蠡；填抚⑤国家，亲附百姓，蠡不如种。"于是举国政属⑥大夫种，而使范蠡与大夫柘稽行成，为质于吴。二岁而吴归蠡。

【注释】

① 坐：通"座"，坐卧之处。
② 重采：两色，加绣染；不重采，犹粗衣素服。
③ 折节：屈己下人。
④ 振：通"赈"，救济。
⑤ 填抚：镇定安抚。填，同"镇"。
⑥ 属：通"嘱"，委托。

【译文】

吴王赦免了越国以后，勾践重返故国，苦心经营，处心积虑企图报仇。他把苦胆吊在起居之所，坐着、躺着都仰望苦胆，饮食的时候也尝尝苦胆。并且还说："你忘记会稽的耻辱了吗？"他还亲身从事耕种劳作，夫人亲手织布，吃饭不用两份肉，穿衣不加绣染，谦恭地礼贤下士，热情诚恳地招待宾客，赈济贫苦，悼慰死伤，与百姓同甘共苦。越王想让范蠡管理国家政务，范蠡回答说："用兵打仗，文种不如我；镇定安抚国家，让百姓亲近归附，我不如文种。"于是越王把国家政务委托给大夫文种，而派范蠡和大夫柘稽到吴去求和，在吴国作人质。两年后吴国才让范蠡回国。

勾践自会稽归七年，拊循①其士民，欲用以报吴。大夫逢同谏曰："国新流亡，今乃复殷给②，缮饰③备利，吴必惧，惧则难必至。且鸷鸟④之击也，必匿其形⑤。今夫吴兵加齐、晋，怨⑥深于楚、越，名高天下，实害周室，德少而功多，必淫自矜⑦。为越计，莫若结齐，亲楚，附晋，以厚吴。吴之志广，必轻战。是我连其权⑧，三国伐之，越承其弊⑨，可克也。"勾践曰："善。"

【注释】

① 拊循：安抚，抚慰。拊，通"抚"。

② 殷给：家给富足。

③ 缮饰：修理，整治，修葺，装饰。

④ 鸷鸟：凶猛的鸟，如鹰、雕等。

⑤ 匿：隐藏，躲藏。形：形体，实体。

⑥ 怨：仇恨。

⑦ 矜：夸耀。

⑧ 连其权：操纵机变。连，联合，并揽各方。权，权宜，机变。

⑨ 承：通"乘"，乘机。弊：困顿、疲惫。

【译文】

勾践从会稽回国后的七年中，抚慰他的士兵百姓，打算以此向吴国报仇。大夫逢同进谏说："国家刚刚遭到战争的破坏，现在才又殷实富裕了起来，如果就此整顿军备，吴国一定惧怕，它一惧怕我国的灾难必然降临。再说，凶猛的大鸟袭击目标时，一定先隐藏它的形体。现在，吴国加兵于齐、晋，又与楚、越有深仇大恨，在天下虽名声显赫，实际危害周王室，缺乏道德而频频使用武力，一定充盈着骄横狂妄之气。从越国的利益出发，不如结交齐国，亲近楚国，联络晋国，厚待尊崇吴国。吴国志向高远，必将轻率地对待战争。这样我国就可以操纵着机变，三国攻打吴国，越国便趁着它的疲惫攻克它了。"勾践说："好极了。"

居二年，吴王将伐齐。子胥谏曰："未可。臣闻勾践食不重味①，与百姓同苦乐。此人不死，必为国患。吴有越，腹心之疾②，齐与吴，疥癣③也。愿王释④齐，先越。"吴王弗听，遂伐齐，败之艾陵⑤，虏齐高、国以归。让⑥子胥。子胥曰："王毋喜！"王怒，子胥欲自杀，王闻而止之。越大夫种曰："臣观吴王政骄矣，请试尝之贷粟，以卜其事。"请贷，吴王欲与，子胥谏勿与，王遂与之，越乃私喜。子胥言曰："王不听谏，后三年吴其墟乎！"

太宰嚭闻之，乃数与子胥争越议⑦，因谗子胥曰："伍员貌忠而实忍人⑧，其父兄不顾，安能顾王？王前欲伐齐，员强谏，已而有功，用是反怨王。王不备伍员，员必为乱。"与逢同共谋，谗之王。王始不从，乃使子胥于齐，闻其托子于鲍氏，王乃大怒，曰："伍员果欺寡人！"役反，使人赐子胥属镂⑨剑以自杀。子胥大笑曰："我令而父霸，我又立若⑩，若初欲分吴国半予我，我不受，已，今若反以谗诛我。嗟乎，嗟乎，一人⑪固不能独立！"报使者曰："必取吾眼置吴东门，以观越兵入也！"于是吴任嚭政。

【注释】

① 重味：犹言兼味，即以两种菜肴佐餐。不重味是形容饮食简朴。
② 腹心之疾：心腹大患。
③ 疥癣：一种皮肤病，非常刺痒，是疥虫寄生而引起的，又名疥疮。这里喻指小毛病，小祸患。
④ 释：放弃，舍弃，抛弃。
⑤ 艾陵：齐地，又称兰陵，在今山东临沂境内。
⑥ 让：责备，责怪。
⑦ 数：屡次。越议：处理、对付越国的办法。
⑧ 忍人：残忍之人。
⑨ 属镂：剑名。
⑩ 而、若：你，你的。
⑪ 一人：犹言孤忠。

【译文】

　　过了两年，吴王将要讨伐齐国。伍子胥进谏说："不行。我听说勾践饮食十分简朴，与百姓同甘共苦。此人不死，定将成为我国的祸患。越国的存在，对吴国来讲，是心腹之患；而齐对吴来说，只像是一块疥癣。希望君王放弃攻齐，先伐越国。"吴王不听，出兵攻打齐国，在艾陵大败齐军,并俘虏了齐国的贵族高氏与国氏凯旋而归。吴王责备伍子胥,伍子胥说:"您不要太高兴了!"吴王很生气。伍子胥打算自杀,吴王得知后阻止了他。越国大夫文种对越王说:"我观察吴王当政太骄横了,让我们向他借粮食来试探他,以揣度吴王对越国的态度。"于是越国向吴王请求借粮,吴王想借给它,伍子胥坚决谏言反对,但吴王还是借给越国了,越王心中十分喜悦。伍子胥说:"君王不听我的劝谏,再过三年吴国将成为一片废墟!"太宰伯嚭听到这话后,屡屡与伍子胥争论对付越国的计策,并借机诽谤伍子胥说:"伍员这个人表面忠厚,实际上很残忍,他连自己的父兄都不顾惜,怎么能顾惜君王呢?君王前不久想攻打齐国,伍员强烈地进谏反对,后来您取得了胜利,他反而因此怨恨您。您如若不防备他,他必将图谋作乱。"伯嚭还和逢同一起谋划,在吴王面前诋毁中伤伍子胥。吴王开始也不听信谗言,并就派伍子胥出使齐国,当听说伍子胥把儿子托付给鲍氏时,吴王并大怒,说:"伍员果真欺骗我!"伍子胥使齐回国后,吴王就派人赐给伍子胥一把属镂剑让他自杀。伍子胥大笑说道:"我辅佐你的父亲使他称霸,又拥立你为王,你当初想与我平分吴国,我都没有接受,事隔不久,现在你反而因听信谗言杀害我。可悲啊可悲,孤忠之人本来就是不能够独自生存的!"伍子胥告诉使者说:"一定要取出我的眼睛挂在吴国都城东门上,以便我能亲眼看到越军攻入都城!"后来吴王重用伯嚭让他执掌国政。

居三年,勾践召范蠡曰:"吴已杀子胥,导谀①者众,可乎?"对曰:"未可。"

至明年春,吴王北会诸侯于黄池②,吴国精兵从王,惟独老弱与太子留守。勾践复问范蠡,蠡曰:"可矣。"乃发习流③二千人,教士④四万人,君子⑤六千人,诸御⑥千人,伐吴。吴师败,遂杀吴太子。吴告急于王,王方⑦会诸侯于黄池,惧天下闻之,乃秘⑧之。吴王已盟黄池，乃使人厚礼以请成越⑨。越自度亦未能灭吴，乃与吴平⑩。

【注释】

① 导谀：谄媚阿谀，曲意逢迎。
② 黄池：古地名，在今河南封丘西南。
③ 习流：熟习水流，即熟练的水兵。
④ 教士：受过训练的士兵。
⑤ 君子：君王如儿子般养育的人，也就是君王的近卫亲兵。
⑥ 诸御：各级军官和职掌人员。御，驾驭统率。
⑦ 方：正在，恰巧。
⑧ 秘：封锁。
⑨ 成越：与越国讲和，向越国求和。
⑩ 平：达成和议。

【译文】

又过了三年，勾践召见范蠡说："吴王已杀伍子胥，在他身边阿谀奉承的人很多，可以攻打吴国了吗？"范蠡回答说："不行。"

到了第二年春天，吴王北上和诸侯们会盟于黄池，吴国的精锐部队全部跟随吴王赴会了，仅仅留下老弱残兵和太子在国内守卫。勾践又问范蠡是否可以进攻吴国。范蠡说："可以了。"于是派出熟悉水战的士兵两千人，训练有素的士兵四万人，越王近卫亲兵六千人，各级军官和职掌人员一千人，攻打吴国。吴军大败，吴国的太子也被越军杀死。吴国使者赶快向吴王告急，吴王正在黄池会合诸侯，怕天下人听到这种惨败消息，就封锁了这一消息。黄池之盟结束后，吴王就派人带上厚礼向越国求和。越王估计自己还不具备灭亡吴国的力量，便和吴国达成了和议。

其后四年，越复伐吴。吴士民罢弊①，轻锐②尽死于齐、晋。而越大破吴，因而留围之三年，吴师败，越遂复栖吴王于姑苏之山③。吴王使公孙雄肉袒④膝行而前，请成越王曰："孤臣夫差敢布⑤腹心，异日尝得罪于会稽，夫差不敢逆命，得与君王成以归。今君王举玉趾⑥而诛孤臣，孤臣惟命是听，意者亦欲如会稽之赦孤臣之罪乎？"勾践不忍，欲许之。范蠡曰："会稽之事，天以越赐吴，吴不取。今天以吴赐越，越其可逆天乎？且夫君王蚤朝晏罢⑦，非为吴邪？谋之二十二年，一旦而弃之，可乎？且夫天与弗取，反受其咎⑧。'伐柯者其则不远'⑨，君忘会稽之厄⑩乎？"勾践曰："吾欲听子言，吾不忍其使者。"范蠡乃鼓⑪进兵，曰："王已属政于执事⑫，使者去，不⑬者且得罪。"吴使者泣而去。勾践怜之，乃使人谓吴王曰："吾置王甬东⑭，君百家⑮。"吴王谢曰："吾老矣，不能事君王！"遂自杀。乃蔽其面，曰："吾无面以见子胥也！"越王乃葬吴王而诛太宰嚭。

【注释】

① 罢弊：疲惫不堪。罢，通"疲"，累。
② 轻锐：轻骑锐卒。
③ 姑苏之山：又名姑胥山、姑余山，在今江苏苏州西南。
④ 肉袒：脱去上衣，裸露肢体。古人谢罪或祭礼时的一种表示。
⑤ 布：陈述，表露。
⑥ 玉趾：玉足，贵步。
⑦ 蚤朝晏罢：意思是说越王操劳国事，奋发图强。蚤，通"早"。晏，晚。
⑧ 咎：罪，惩罚。
⑨ 伐柯者其则不远：语出《诗经·豳风·伐柯》，原句是："伐柯伐柯，其则不远。"柯，斧柄。则，法则、道理。意思是说，手中所持

的斧柄可以就近作为砍伐新斧柄的范式,引申为近例可援。此处的言外之意,即是启发越王,不应失去良机灭吴,走吴的旧路。
⑩ 戹:同"厄",灾难,困顿。
⑪ 鼓:鸣鼓、击鼓,古代表示进军。
⑫ 执事:办事人员,范蠡自指。
⑬ 不:通"否"。
⑭ 甬东:古地名,在今浙江定海。
⑮ 君百家:为百家之长。君,统治。

【译文】

　　此后又过了四年,越国再度攻伐吴国。吴国军民疲惫不堪,轻骑锐卒都死在与齐、晋两国的战役中。越国打败了吴国,并且驻军吴境围攻吴军三年。吴军失败,越军又把吴王围困在姑苏山上。吴王派公孙雄袒衣裸体匍匐前行,向越王乞和说:"败臣夫差冒昧地向大王表露自己的心愿,从前我曾在会稽得罪您,我不敢违背您的命令,得以与大王您讲和,撤军回国。今天您投玉足前来惩罚孤臣,我遵照您的意旨办事,希望您也依照会稽山的旧例赦免我败兵之臣夫差的罪过吧!"勾践于心不忍,打算答应吴王的请求。范蠡说:"当年会稽的事,是上天把越国赐给了吴国,吴国不要;今天是上天把吴国赐给了越国,越国难道可以违背天意吗?再说君王早朝晚罢,操劳国事,奋发图强,不都是为了吴国吗?谋划伐吴已二十二年了,一下子就放弃了,行吗?再说上天赐予您却不要,反而要受到上天的处罚。《诗经》上说:'伐柯伐柯,其则不远。'您忘记会稽的苦难了吗?"勾践说:"我想听从您的建议,但我不忍心拒绝他的使者。"范蠡于是鸣鼓进军,说:"君王已经把政务委托给我了,吴国使者赶快离去,否则将要对不起你了。"吴国使者伤心地哭着走了。勾践怜悯吴国,便派人对吴王说:"我把您安置到甬东,做百家之主吧。"吴王辞谢说:"我已经老了,不能侍奉大王您了!"说完便自杀了。自尽时蒙住自己的脸说:"我没脸面去见子胥!"越王安葬了吴王,而杀掉了太宰伯嚭。

勾践已平吴,乃以兵北渡淮,与齐、晋诸侯会于徐州,致贡于周。周元王①使人赐勾践胙②,命为伯③。勾践已去,渡淮南,以淮上地④与楚,归吴所侵宋地于宋,与鲁泗东⑤方百里。当是时,越兵横行于江、淮东,诸侯毕贺,号称霸王。

【注释】

① 周元王:春秋末期的周天子,名姬仁。
② 胙:祭祀时用的肉。
③ 伯:通"霸",古代诸侯联盟的首领。
④ 淮上地:指淮泗一带,今江苏、安徽两省长江以北的地方,原为吴王夫差所占。
⑤ 泗东:今山东东南部地区,吴王夫差伐齐时所占。

【译文】

勾践平定了吴国后,就率兵北上渡过淮河,在徐州与齐、晋等诸侯国会合,向周王室进献贡品。周元王派人赏赐给勾践祭祀用的肉,并封他为诸侯国的领袖。勾践离开徐州,渡过淮河南下,把淮河、泗水一带的土地送给楚国,将吴国所侵占的宋国土地归还给宋国。把泗水以东方圆百里的土地给了鲁国。当时,越军在长江、淮河以东畅行无阻,诸侯们都来祝贺,越王号称霸王。

范蠡遂去,自齐遗大夫种书曰:"蜚①鸟尽,良弓藏;狡②兔死,走狗烹③。越王为人长颈鸟喙④,可与共患难,不可与共乐。子何不去?"种见书,称病不朝。人或谗种且作乱,越王乃赐种剑曰:"子教寡人伐吴七术,寡人用其三而败吴,其四在子,子为我从先王试之。"种遂自杀。

【注释】

① 蜚：通"飞"。
② 狡：狡猾，狡诈。
③ 走狗：指猎狗。烹：烧煮。
④ 鸟喙：即"鹰嘴鼻"，鸟无外鼻器官，口锐长像人的鼻子，因此形容人鼻锐长带钩状的为"鸟喙"，古代迷信，以为鼻似鸟喙的人阴险狡诈。喙，本义鸟兽的嘴。

【译文】

范蠡于是离开了越王，他从齐国派人给大夫文种带去一封信。信中说："飞鸟被射尽以后，良弓就可以收藏了；狡猾的兔子被捕杀，猎犬也该被煮着吃了。越王长脖子、鹰嘴鼻，这种人只可以与他共患难，不可以与他共享乐，你为何不离去？"文种看了信后，托病不再上朝。有人进谗言说文种将要作乱，越王就赏赐给文种一把剑说："你教给我攻伐吴国的七条计策，我只采用了三条就打败了吴国，其余四条还在你那里，你替我去先王面前尝试一下剩下的四条吧！"于是文种就自杀了。

太史公曰：禹之功大矣，渐①九川，定九州，至于今诸夏艾安②。及苗裔勾践，苦身焦思，终灭强吴，北观兵中国，以尊周室，号称霸王。勾践可不谓贤哉！盖有禹之遗烈焉。范蠡三迁皆有荣名，名垂后世。臣主若此，欲毋显得乎？

【注释】

① 渐：疏导河川。
② 艾安：同"乂安"，太平无事。艾，通"乂"，治理，安定。

【译文】

　　太史公说：夏禹的功劳很大，疏导了九条大河，安定了九州大地，一直到今天，整个九州都平安无事。到了他的后裔勾践，辛苦劳作，深谋远思，终于灭掉了强大的吴国，向北进军中原，尊奉周室，号称霸王。能说勾践不贤能吗！这大概也有夏禹的遗风吧。范蠡三次搬家都留下荣耀的名声，并永垂后世。臣子君主能做到这样，想不显赫可能吗？

陈涉世家（节选）

陈胜者，阳城①人也，字涉。吴广者，阳夏②人也，字叔。陈涉少时，尝与人佣耕③，辍耕之④垄上，怅恨⑤久之，曰："苟富贵，无⑥相忘。"庸者⑦笑而应曰："若为庸耕，何富贵也？"陈涉太息⑧曰："嗟乎，燕雀安知鸿鹄⑨之志哉！"

【注释】

① 阳城：秦县名，在今河南登封东南。
② 阳夏：秦县名，在今河南太康。
③ 尝：曾经。佣耕：被雇佣给人耕田。佣，雇佣。
④ 辍：停止。之：往，到。
⑤ 怅恨：失意的烦恼。
⑥ 苟：如果。无：通"毋"，不要。
⑦ 庸者：被雇佣的人。庸，同"佣"。
⑧ 太息：长叹。
⑨ 燕雀：泛指小鸟，这里比喻见识短浅的人。鸿鹄：比喻志向远大的人。鸿，大雁。鹄，天鹅。

【译文】

陈胜，阳城人，字涉。吴广，阳夏人，字叔。陈涉年轻的时候，曾经和别人一起被雇佣耕田，一次当他停止耕作走到田埂上休息时，失意恼恨了好久，说："假如谁将来富贵了，大家相互不要忘记了。"一起受雇佣的伙伴们笑着回答说："你被雇给人家耕田，怎能富贵呢？"陈涉叹息着说："唉！燕子、麻雀这类小鸟哪里知道大雁、天鹅的远大志向呢！"

二世元年七月，发闾左適戍渔阳①，九百人屯大泽乡。陈胜、吴广皆次当行②，为屯长。会天大雨，道不通，度已失期③。失期，法皆斩。陈胜、吴广乃谋曰："今亡亦死，举大计亦死，等死④，死国可乎？"陈胜曰："天下苦秦久矣。吾闻二世少子⑤也，不当立，当立者乃公子扶苏。扶苏以数谏故⑥，上⑦使外将兵。今或闻无罪，二世杀之。百姓多闻其贤，未知其死也。项燕为楚将，数有功，爱士卒，楚人怜之⑧。或以为死，或以为亡。今诚以吾众诈⑨自称公子扶苏、项燕，为天下唱⑩，宜多应者。"吴广以为然。乃行卜⑪。卜者知其指意⑫，曰："足下事皆成，有功。然足下卜之鬼乎！"陈胜、吴广喜，念鬼，曰："此教我先威众⑬耳。"乃丹书帛曰"陈胜王"，置人所罾⑭鱼腹中。卒买鱼烹食，得鱼腹中书，固以怪之矣。又间令吴广之次所⑮旁丛祠中，夜篝火⑯，狐鸣呼曰："大楚兴，陈胜王。"卒皆夜惊恐。旦日，卒中往往语，皆指目⑰陈胜。

【注释】

① 发：征调。闾左：秦时贵右贱左，富者居住在闾右，贫者居在闾左，故以闾左指代贫民。闾，里巷的大门。適：同"谪"，因有罪被发遣。渔阳：秦郡名，在今北京密云西南。

② 皆次当行：按照征发的编排次序，都应当前往。次，编次。

③ 度：估计。失期：误期，过了期限。

④ 等死：同样是死。

⑤ 少子：小儿子。

⑥ 数谏：屡次进谏。故：缘故，原因。

⑦ 上：指秦始皇。

⑧ 怜之：爱戴他。怜，爱。
⑨ 诚：假如。诈：欺骗，假托。
⑩ 唱：同"倡"，倡导，号召。
⑪ 行卜：去占卦。卜，占卦，古人预测吉凶的一种方法。
⑫ 指意：意图。指，同"旨"。
⑬ 威众：指在群众中取得威信。
⑭ 罾：渔网，这里是用渔网捕到的意思。
⑮ 间：暗中。次所：行军时临时驻扎的地方。
⑯ 篝火：用竹笼罩在火上，隐约而像鬼火。篝，竹笼。
⑰ 指目：指着看。目，看，注视。

【译文】

秦二世元年七月，征调贫民九百人去防守渔阳，驻扎在大泽乡。陈胜、吴广都被编入这次征发的行列之中，并被指派为队长。恰遇天下大雨，道路阻塞不通，估计已经误了规定到达渔阳的期限。过了期限，按照法律规定是应该杀头的。陈胜、吴广就商量说："如今逃走也是死，起义干一番大事业也是死，同样都是死，为国事而死怎么样？"陈胜说："天下的百姓受秦王朝统治之苦已经很久了。我听说二世皇帝是始皇帝的小儿子，他不应当当皇帝，做皇帝的应该是公子扶苏。扶苏因为屡次规劝秦始皇的缘故，被派到外地带兵驻守。近来有人听说他并没有什么罪，却被二世皇帝杀害了。老百姓都听说他很贤德，不知道他已经死了。项燕是楚国的大将军，屡立战功，爱护士兵，楚国人都很爱戴他。有的人以为他已经死了，有的人以为他逃亡在外躲藏了起来。现在假使我们冒用公子扶苏和项燕的名义号召天下，一定会有很多人响应。"吴广认为很有道理。于是他们就去占卜吉凶，占卜的人知道他们的意图，说道："你们的事都能成，能够建功立业。然而你们向鬼神问过了吗？"陈胜、吴广非常高兴，思索占卜人所说向鬼神询问的意思，说："这是教我们利用鬼神先在众人中树立威望。"

于是就用朱砂在一块白绸子上写了"陈胜王"三个字,塞进别人用网捕来的鱼肚子里。戍卒买鱼回来煮着吃,发现了鱼肚中的帛书,对此自然觉得很奇怪。陈胜又暗中派吴广到驻地附近一草木丛生的古庙里,在半夜里点燃起篝火,模仿狐狸的声音叫喊道:"大楚兴,陈胜王。"戍卒们听到这种叫声,深更半夜都惊恐起来。第二天早晨,戍卒中到处议论纷纷,都指着陈胜看。

吴广素①爱人,士卒多为用者。将尉②醉,广故数言欲亡,忿恚③尉,令辱之,以激怒其众。尉果笞④广。尉剑挺⑤,广起,夺而杀尉。陈胜佐之,并杀两尉。召令徒属曰:"公等遇雨,皆已失期,失期当斩。藉弟令毋⑥斩,而戍死者固十六七⑦。且壮士不死即已⑧,死即举大名耳,王侯将相宁有种⑨乎!"徒属皆曰:"敬⑩受命。"乃诈称公子扶苏、项燕,从民欲也。袒右⑪,称大楚。为坛而盟⑫,祭以尉首。陈胜自立为将军,吴广为都尉。攻大泽乡,收而攻蕲。蕲下,乃令符离人葛婴将兵徇⑬蕲以东。攻铚、酂、苦、柘、谯,皆下之。行收兵。比⑭至陈,车六七百乘,骑⑮千余,卒数万人。攻陈,陈守令皆不在,独守丞与战谯门⑯中。弗胜,守丞死,乃入据陈。数日,号令召三老、豪杰⑰与皆来会计事⑱。三老、豪杰皆曰:"将军身被坚执锐⑲,伐无道,诛暴秦,复立楚国之社稷,功宜为王。"陈涉乃立为王,号为张楚。

【注释】

① 素:向来,本来,平常。

② 将尉:押送戍卒的军官。

③ 忿恚:使愤怒,使恼怒。恚,怒。

④ 笞:鞭打。

⑤ 剑挺:剑拔出鞘。挺,拔出。

⑥ 藉：假使。弟令：表让步关系，可译为即使、纵使。毋：不。
⑦ 固：本来。十六七：十分之六七。
⑧ 已：止，算了。
⑨ 宁：难道。种：指祖传、遗传。
⑩ 敬：谨，恭敬，端肃。
⑪ 袒右：袒露右臂，作为起义的标志。
⑫ 盟：在神前发誓结盟，宣誓立约。
⑬ 徇：巡行。这里特指率军队巡行各地，使之降服。
⑭ 比：及，等到。
⑮ 骑：一人一马的合称。
⑯ 谯门：设有瞭望楼的城门。谯，通"瞧"，瞭望。
⑰ 三老：秦代掌管教化的乡官。秦时，十里一亭，亭有亭长，十亭一乡，乡有三老。豪杰：特指有声望、势力的地主、绅士大户。
⑱ 会：集会。计事：议事。
⑲ 身被坚执锐：亲自穿着坚固的铠甲，手执锐利的武器。被，同"披"。

【译文】

吴广一向关心体恤别人，戍卒中很多人都愿为他效劳出力。押送戍卒的军官喝醉了酒，吴广故意一再扬言要逃跑，以激怒军官，惹他当众来侮辱自己，借以激怒众人。军官果然用鞭抽打吴广。军官拔出佩剑，吴广奋起夺剑杀死了那名军官。陈胜帮助他，合力杀死了两名军官。随即集合属下号召说："各位在这里遇上了大雨，大家都延误了期限，误期按规定是要杀头的。即使不被杀头，但将来戍边死去的肯定也得十之六七。再说大丈夫不死便罢，要死就要死得轰轰烈烈，王侯将相难道都是遗传的吗？"属下们听了都异口同声地说："愿意听从差遣。"于是就假冒公子扶苏和楚将项燕的名义举行起义，以顺应民众的意愿。大家都露出右臂作为义军的标志，号称大楚。他们又筑起高台来宣誓，用将尉的头作祭品。陈胜自封为将军，吴广为都尉。率众进攻大泽乡，攻克后又进兵攻打蕲县。攻克蕲县后，就派符离人葛婴率兵去占领蕲县以东的地方。陈胜等率部接连攻下铚、酂、苦、柘、谯等地方。他们一边进军，一边不断补充兵员扩大队伍。待部队抵达陈县的时候，已拥有兵车六七百辆，骑兵一千多，步卒好几万人。攻打陈县时，那里的郡守、县令正好都不在，只有留守的郡丞领兵与起义军在城门下作战。结果郡丞兵败身死，于是义军进入城中占领了陈县。过了几天，陈胜下令召集掌管教化的三老和地方豪杰一起来商议大事。三老、豪杰都说："将军您身披铠甲，手执锐利的武器亲自作战，讨伐无道昏君，诛灭暴虐的秦王朝，重新建立楚国的政权，劳苦功高，应该称王。"于是陈涉自立为王，国号为张楚。

当此时，诸郡县苦秦吏者，皆刑其长吏[1]，杀之以应陈涉。乃以吴叔为假王[2]，监[3]诸将以西击荥阳。令陈人武臣、张耳、陈余徇赵地，令汝阴人邓宗徇九江郡。当此时，楚兵[4]数千人为聚[5]者，不可胜数[6]。

【注释】

[1] 刑：判罪，处罚。长吏：长官。
[2] 吴叔：即吴广。假王：暂时代理王事而未受封为王的人。
[3] 监：监督，率领。
[4] 楚兵：指楚地的起义军。
[5] 为聚：结成一伙。聚，集合在一起。
[6] 不可胜数：数不清。胜，禁得起。

【译文】

在这个时候，各郡县痛恨秦朝官吏暴政之苦的人纷纷起来造反，他们逮捕官吏并宣判其罪状，把他们杀死来响应陈涉。于是陈胜就以吴广为代理王，督率各将领向西进攻荥阳。又派陈县人武臣、张耳、陈余去攻占原来赵国的辖地，遣汝阴人邓宗攻占九江郡。这时候，楚地几千人聚集在一起起义的，多得不计其数。

萧相国世家

萧相国何者，沛丰人也。以文无害①为沛主吏掾②。

高祖为布衣③时，何数以吏事护高祖。高祖为亭长，常左右④之。高祖以吏繇⑤咸阳，吏皆送奉钱三，何独以五。

秦御史监郡者与从事，常辨⑥之。何乃给泗水卒史事，第一。秦御史欲入言征⑦何，何固请⑧，得毋行。

【注释】

① 无害：没有能胜过的，无比。
② 掾：古代副官、佐吏的通称。
③ 布衣：平民，老百姓。古时老百姓穿麻布衣服，所以称平民为"布衣"。
④ 左右：帮助。
⑤ 繇：通"徭"，劳役。这里指服劳役。
⑥ 辨：辨明。此指办事有条理，对各种事项分辨得清楚。
⑦ 征：征召。
⑧ 请：这里是辞谢的意思。

【译文】

萧相国萧何，沛县丰邑人。他通晓法律，无人能比，是沛县县令手下的官吏。

汉高祖刘邦还是平民时，萧何多次凭着官吏的职权保护他。刘邦当了亭长，萧何常常帮助他。刘邦以官吏的身份到咸阳服役，官吏们都奉送他三百钱，唯独萧何送他五百钱。

秦朝的御史到泗水郡督察工作时，萧何跟着他的属官办事，经常把事情办得井井有条、清清楚楚。萧何于是担任了泗水郡卒史的工作，考核时名列第一。秦朝的御史打算入朝进言征调萧何，萧何一再辞谢，才没有被调走。

及高祖起为沛公，何常为丞督事。沛公至咸阳，诸将皆争走①金帛财物之府分之，何独先入收秦丞相御史②律令图书藏之。沛公为汉王，以何为丞相。项王与诸侯屠烧咸阳而去。汉王所以具知天下阸塞③，户口多少，强弱之处，民所疾苦者，以何具得秦图书也。何进言韩信，汉王以信为大将军。语在《淮阴侯》事中。

【注释】
① 走：趋向。
② 御史：官名，秦以前指史官，明清指主管纠察的官吏。
③ 阸塞：险要之地。

【译文】
等到刘邦起事做了沛公，萧何作为他的副手常常帮他督办公务。沛公进了咸阳，将领们都争先奔向府库，分取金帛财物，唯独萧何首先进入宫室收取秦朝丞相及御史掌管的法律条文、地理图册、户籍档案等文献资料，并将它们珍藏起来。沛公做了汉王，任命萧何为丞相。项羽和诸侯军队进入咸阳屠杀、焚烧了一番就离去了。汉王之所以能够详尽地了解天下的险关要塞，家庭、人口的多少，各地诸方面的强弱，民众的疾苦等，就是因为萧何完好地留存了秦朝的文献档案的缘故。萧何向汉王推荐韩信，汉王任命韩信为大将军。此事记载在《淮阴侯列传》中。

汉王引兵东定三秦,何以丞相留收巴蜀,填抚谕告①,使给军食。汉二年②,汉王与诸侯击楚,何守关中,侍太子,治栎阳。为法令约束③,立宗庙社稷宫室县邑,辄奏上,可,许以从事;即不及奏上,辄以便宜④施行,上来以闻。关中事计户口转漕⑤给军,汉王数失军遁⑥去,何常兴关中卒,辄补缺。上以此专属⑦任何关中事。

【注释】

① 填抚谕告:安抚民众,发布政令。填,通"镇",安定。谕告,发布政令,告知百姓。

② 汉二年:公元前205年。

③ 约束:规章,法度。

④ 便宜:便当,方便,适宜。

⑤ 转漕:运送粮食。古时车运为"转",水运为"漕"。

⑥ 遁:逃跑,逃走。

⑦ 属:同"嘱",委托。

【译文】

汉王领兵东进,平定三秦,萧何以丞相的身份留守治理巴蜀,安抚民众,发布政令,供给军队粮草。汉二年,汉王与各路诸侯攻打楚军,萧何守卫关中,侍奉太子,治理栎阳。制定法令、规章,建立宗庙、社稷、宫室、县邑,萧何总是禀报汉王,得到汉王同意,才准许施行这些政事;如果来不及禀报汉王,有些事就酌情处理,等汉王回来再向他汇报。萧何在关中管理户籍人口、征集粮草、运送给前方军队,汉王多次弃军败逃而去,萧何常常征发关中士卒,补充军队的缺额。汉王因此专门委任萧何处理关中政事。

汉三年,汉王与项羽相距京索之间,上数使使劳苦①丞相。鲍生谓丞相曰:"王暴衣露盖,数使使劳苦君者,有疑君心也。

为君计，莫若遣君子孙昆②弟能胜兵③者悉诣④军所，上必益信君。"于是何从其计，汉王大说⑤。

【注释】

① 劳苦：慰劳。

② 昆：哥哥，胞兄。

③ 胜兵：胜任军事，能够打仗。胜，胜任，禁得起。

④ 诣：到。

⑤ 说：同"悦"。

【译文】

汉三年，汉王与项羽对峙于京县、索城之间，汉王多次派遣使者慰劳丞相萧何。有个叫鲍生的人对丞相说："汉王在前线风餐露宿，却多次派使者来慰劳您，这是有怀疑您的意思。为您着想，不如派遣您的兄弟子孙中能打仗的人都到军营中效力，汉王必定更加信任您。"于是萧何听从了他的计策，汉王果真非常高兴。

汉五年，既杀项羽，定天下，论功行封。群臣争功，岁余功不决。高祖以萧何功最盛，封为酂侯，所食邑多。功臣皆曰："臣等身被坚执锐①，多者百余战，少者数十合，攻城略②地，大小各有差。今萧何未尝有汗马之劳，徒持文墨议论，不战，顾③反居臣等上，何也？"高帝曰："诸君知猎乎？"曰："知之。""知猎狗乎？"曰："知之。"高帝曰："夫猎，追杀兽兔者狗也，而发踪指示④兽处者人也。今诸君徒能得走兽耳，功狗也。至如萧何，发踪指示，功人也。且诸君独以身随我，多者两三人。今萧何举宗⑤数十人皆随我，功不可忘也。"群臣皆莫敢言。

【注释】

① 被：同"披"。锐：锐利的兵器。
② 略：夺取。
③ 顾：反而。
④ 指示：指明，显示。
⑤ 宗：宗族。

【译文】

汉五年，已经消灭了项羽，平定了天下，于是论功行赏。由于群臣争功，一年多了，功劳的大小也没能决定下来。高祖认为萧何的功劳最显赫，封他为酂侯，给予的食邑也最多。功臣们都说："我们身披战甲，手执兵器，亲身参加战斗，多的身经百战，少的交锋也有十余回合，攻占城池，夺取地盘，都立了大小不等的战功。如今萧何没有这样的汗马功劳，只是舞文弄墨，发发议论，不参加战斗，封赏倒反在我们之上，这是什么原因呢？"高帝说："诸位懂得打猎吗？"群臣回答说："懂得。"高帝又问："知道猎狗吗？"群臣说："知道。"高帝说："打猎时，追咬野兽的是猎狗，但发现野兽踪迹，指出野兽所在地方的是猎人。而今大家仅能捉到野兽而已，功劳不过像猎狗。至于萧何，发现野兽踪迹，指明猎取目标，功劳如同猎人。再说诸位只是个人追随我，多的不过一家两三个人。而萧何让自己本族里的几十人都来随我打天下，功劳是不能忘记的。"群臣都不敢再言语了。

列侯毕已受封，及奏位次，皆曰："平阳侯曹参身被七十创，攻城略地，功最多，宜第一。"上已桡①功臣，多封萧何，至位次未有以复难②之，然心欲何第一。关内侯鄂君进曰："群臣议皆误。夫曹参虽有野战略地之功，此特一时之事。夫上与楚相距五岁，常失军亡众，逃身遁者数矣。然萧何常从关中遣军补其处，非上所诏令召，而数万众会上之乏绝者数矣。夫汉与楚相守荥阳数年，军无见[3]粮，萧何转漕关中，给食不乏。陛下虽数亡[4]山东，萧何常全关中以待陛下，此万世之功也。今虽亡曹参等百数，何缺于汉？汉得之不必待以全。奈何欲以一旦之功而加万世之功哉！萧何第一，曹参次之。"高祖曰："善。"于是乃令萧何第一，赐带剑履上殿，入朝不趋[5]。

【注释】

① 桡：弯曲，此指委屈。
② 难：诘问，责难。
③ 见：同"现"。
④ 亡：失去。
⑤ 趋：古代的一种礼节，小步快走，表示恭敬。

【译文】

列侯均已受到封赏，待到向高祖进言评定位次时，群臣都说："平阳侯曹参身受七十余处创伤，攻城夺地，功劳最多，应该排在第一位。"高祖已经委屈了功臣们，较多地封赏了萧何，到评定位次时就没有再反驳大家，但心里还是想把萧何排在第一位。关内侯鄂千秋进言说："各位大臣的主张是不对的。曹参有亲自参加战斗夺取地盘的功劳，但这不过是一时的事情。大王与楚军相持五年，常常失掉军队，士卒逃散，只身逃走有好几次了。然而萧何常从关中派遣军队补充前线，这些都不是大王下令让他做的，数万士卒开赴前线时正值大王最危急的时刻，这种情况已有好多次了。汉军与楚军在荥阳对垒数年，军中没有现存的粮食，萧何从关中运来粮食，军粮供应从不匮乏。陛下虽然多次失掉崤山以东的地区，但萧何一直保全关中等待着陛下，这是万世不朽的功勋啊！如今即使没有上百个曹参这样的人，对汉室又有什么损失？汉室得到了这些人也不一定得以保全。怎么能让一时的功劳凌驾在万世功勋之上呢！萧何应该排在第一位，曹参居次。"高祖说："好。"于是便确定萧何为第一位,特恩许他带剑穿鞋上殿,上朝时可以不按礼仪小步快走。

上曰:"吾闻进贤受上赏。萧何功虽高,得鄂君乃益明。"于是因鄂君故所食关内侯邑封为安平侯。是日,悉封何父子兄弟十余人,皆有食邑。乃益封何二千户,以帝尝繇咸阳时"何送我独赢①奉钱二"也。

【注释】

① 赢:有余。

【译文】

高祖说:"我听说推荐贤才要受上等的奖赏。萧何的功劳虽然很高,经过鄂君的表彰就更加显赫了。"于是根据鄂君原来受封的关内侯食邑,加封为安平侯。当天,萧何父子兄弟十多人都封有食邑。后又加封萧何两千户,这是因为高祖过去到咸阳服役时,萧何多送给自己二百钱的缘故。

汉十一年,陈豨反,高祖自将,至邯郸。未罢,淮阴侯谋反关中,吕后用萧何计,诛淮阴侯,语在《淮阴》事中。上已闻淮阴侯诛,使使拜丞相何为相国,益封五千户,令卒五百人一都尉为相国卫。诸君皆贺,召平独吊①。召平者,故秦东陵侯。秦破,为布衣,贫,种瓜于长安城东,瓜美,故世俗谓之"东陵瓜",从召平以为名也。召平谓相国曰:"祸自此始矣。上暴露于外而君守于中,非被②矢石之事而益君封置卫者,以今者淮阴侯新反于中,疑君心矣。夫置卫卫君,非以宠君也。愿君让③封勿受,悉以家私财佐④军,则上心说⑤。"相国从其计,高帝乃大喜。

【注释】

① 吊：哀伤，悲悯。
② 被：通"披"。
③ 让：辞让。
④ 佐：辅助，帮助。
⑤ 说：通"悦"。

【译文】

汉十一年，陈豨反叛，高祖亲自率军到了邯郸。平叛尚未结束，淮阴侯韩信又在关中谋反，吕后采用萧何的计策，杀了淮阴侯，此事记载在《淮阴侯列传》中。高祖已经听说淮阴侯被杀，派遣使者拜丞相萧何为相国，加封五千户，并令五百名士卒、一名都尉做相国的卫队。为此许多人都来祝贺，唯独召平表示哀悼。召平原是秦朝的东陵侯。秦朝灭亡后，他沦为平民，家中贫穷，在长安城东种瓜，他种的瓜味道甜美，所以人们都称他种的瓜为"东陵瓜"，这是根据召平的封号来命名的。召平对相国萧何说："祸患从此开始了。皇上统军在外，风餐露宿，而您留守朝中，未遭战事之险，反而增加您的封邑并设置卫队，这是因为目前淮阴侯刚刚在京城谋反，皇上对您的内心有所怀疑。设置卫队保护您，并非因为宠信您。希望您辞让封赏不要接受，把家产、资财全都捐助军队，那么皇上心里就会高兴。"萧相国听从了他的计谋，高帝果然非常欢喜。

汉十二年秋，黥布反，上自将击之，数使使问相国何为。相国为上在军，乃拊循勉力①百姓，悉以所有佐军，如陈豨时。客有说相国曰："君灭族不久矣。夫君位为相国，功第一，可复加哉？然君初入关中，得百姓心，十余年矣，皆附君，常复孳孳②得民和。上所为数问君者，畏君倾动关中。今君胡③不多买田地，贱贳贷④以自污？上心乃安。"于是相国从其计，上乃大说。

【注释】

① 拊循勉力：安抚勉励。拊，通"抚"，体恤抚慰。
② 孳孳：通"孜孜"，勤勉，努力不懈的样子。
③ 胡：为什么，何。
④ 赁贷：借贷，赊欠。

【译文】

汉十二年的秋天，黥布反叛，高祖亲自率军征讨他，多次派人来询问萧相国在做什么。萧何因为皇上在军中，就在后方安抚勉励百姓，把自己的家财全都捐助军队，和讨伐陈豨时一样。有一个门客劝告萧相国说："您灭族的日子不远了。您位居相国，功劳数第一，还能够再加功吗？您当初进入关中就深得民心，至今十多年了，民众都亲附您，您还是那么勤勉地做事去赢得人们的拥护。皇上之所以屡次询问您的情况，是害怕您震撼关中。如今您何不多买田地，采取低价、赊借等手段来败坏自己的声誉？这样，皇上的心才会安下来。"于是萧相国听从了他的计谋，高祖于是非常高兴。

上罢布军归，民道遮①行上书，言相国贱强买民田宅数千万。上至，相国谒。上笑曰："夫相国乃②利民！"民所上书皆以与相国，曰："君自谢③民。"相国因④为民请曰："长安地狭，上林中多空地，弃，愿令民得入田⑤，毋收稿⑥为禽兽食。"上大怒曰："相国多受贾人财物，乃为请吾苑！"乃下相国廷尉⑦，械系⑧之。数日，王卫尉⑨侍，前问曰："相国何大罪，陛下系之暴⑩也？"上曰："吾闻李斯相秦皇帝，有善归主，有恶自与。今相国多受贾竖⑪金而为民请吾苑，以自媚于民，故系治之。"王卫尉曰："夫职事苟有便于民而请之，真宰相事，陛下奈何乃疑相国受贾人钱乎！且陛下距楚数岁，陈豨、黥布反，陛下自将而往，当是时，相国守关中，摇足则关以西非陛下有也。相国不以此时为利，今乃利贾人之金乎？且秦以不闻其过亡天下，李斯之分过，又何足法哉。陛下何疑宰相之浅也。"高帝不怿⑫。是日，使使持节⑬赦出相国。相国年老，素恭谨，入，徒跣⑭谢。高帝曰："相国休矣！相国为民请苑，吾不许，我不过为桀、纣主，而相国为贤相。吾故系相国，欲令百姓闻吾过也。"

【注释】

① 遮：阻挡，拦阻。

② 乃：竟，竟然。

③ 谢：向人认错道歉。

④ 因：趁着，乘便。

⑤ 田：通"佃"，耕作。

⑥ 稾：草料。

⑦ 廷尉：九卿之一，汉代最高司法官。

⑧ 械系：用镣铐等刑具拘禁。

⑨ 卫尉：九卿之一，掌管宫廷门卫。

⑩ 暴：突然。

⑪ 贾竖：对商人的鄙称。

⑫ 怿：喜悦，高兴。

⑬ 节：使者所持的一种凭证。

⑭ 徒跣：赤脚步行，是一种请罪的表示。

【译文】

高祖征讨黥布胜利归来，民众拦路上书，说相国低价强买百姓田地、房屋数量极多。高祖回到京城，相国进见。高祖笑着说："你这个相国竟是这样利民！"把民众的上书都交给相国，说："你自己向百姓们谢罪吧。"相国趁这个机会为长安民众请求说："长安一带土地狭窄，上林苑中有很多空地，已经废弃荒芜，希望让百姓们进去耕种,留下禾秆作为禽兽的食物。"高祖大怒说:"相国你大量地接受了商人的财物,然后就为他们请求占用我的上林苑!"于是就把相国交给廷尉,用镣铐拘禁了起来。几天以后,王卫尉侍奉高祖时,上前问道:"相国犯了什么弥天大罪,陛下突然把他拘禁起来?"高祖说:"我听说李斯辅佐秦始皇时,有了成绩归于主上,出了差错自己承担。如今相国大量地收受奸商钱财而为他们请求占用我的苑林,以此向民众讨好,所以把他铐起来治罪。"王卫尉说:"在自己职责范围内,如果有利于百姓而为他们请求,这确是宰相分内的事,陛下怎么怀疑相国收受商人钱财呢!况且陛下抗拒楚军数年,陈豨、黥布反叛时,陛下又亲自带兵前往平叛,当时相国留守关中,他只动一动脚,那么函谷关以西的地盘就不归陛下所有了。相国不趁着这个时机为己谋利,现在却贪图商人的钱财吗?再说秦始皇正因为听不到自己的过错而失去天下,李斯分担过错,又哪里值得效法呢?陛下怎么能怀疑宰相是那样浅薄的人呢!"高祖听后不太高兴。当天,高祖派人持节赦免释放了相国。相国上了年纪,一向谦恭谨慎,入见高祖,赤脚步行谢罪。高祖说:"相国免了吧!相国为民众请求苑林,我不答应,我不过是桀、纣那样的君主,而你则是个贤相。我之所以把你用镣铐拘禁起来,是想让百姓们知道我的过错。"

何素不与曹参相能①。及何病,孝惠自临视相国病,因问曰:"君即百岁后,谁可代君者?"对曰:"知臣莫如主。"孝惠曰:"曹参何如?"何顿首②曰:"帝得之矣!臣死不恨③矣!"

何置田宅必居穷处④,为家不治垣屋⑤。曰:"后世贤,师吾俭;不贤,毋为势家所夺。"

孝惠二年⑥,相国何卒,谥⑦为文终侯。

后嗣以罪失侯者四世,绝,天子辄⑧复求何后,封续酂侯,功臣莫得比焉。

【注释】

① 能：和睦。
② 顿首：磕头，叩头下拜。
③ 恨：遗憾。
④ 穷处：偏僻的地方。
⑤ 垣屋：有围墙的房室，围墙和房屋。
⑥ 孝惠二年：公元前193年。
⑦ 谥：古代皇帝、贵族、大臣、杰出官员或其他有地位的人死后所加的带有褒贬意义的称号。
⑧ 辄：总是，每次。

【译文】

萧何向来与曹参不和睦，到萧何病重时，孝惠皇帝亲自去探视相国病情，趁机问道："您如果故去了，谁可以接替您呢？"萧何回答说："了解臣下的莫过于君主了。"孝惠帝说："曹参怎么样？"萧何叩头说："陛下得到合适的人选了！我死也不遗憾了！"

萧何购置田地住宅必定选偏僻的地方，建造家园不修筑围墙和高大的房舍。他说："我的后代如果贤能，就学习我的俭朴；后代如若不贤能，也不致被有权势的人家所夺去。"

孝惠二年，相国萧何去世，谥号为文终侯。

萧何的后代因为犯罪而失去侯爵封号的有四世，每次断绝了继承人时，天子总是再寻求萧何的后代，续封为酂侯，功臣中没有人能够跟萧何比。

太史公曰：萧相国何于秦时为刀笔吏，录录①未有奇节。及汉兴，依日月②之末光，何谨守管钥③，因民之疾秦法，顺流与之更始。淮阴、黥布等皆以诛灭，而何之勋烂焉。位冠群臣，声施④后世，与闳夭、散宜生等争烈⑤矣。

【注释】

① 录录：通"碌碌"，庸碌无能。

② 日月：喻指帝王。

③ 管钥：钥匙，这里喻指职责。

④ 施：延续。

⑤ 烈：光明，显赫。

【译文】

太史公说：相国萧何在秦朝时仅是个文职小官吏，平平常常，没有什么惊人的作为。等到汉室兴盛，仰仗帝王的余光，萧何谨守自己的职责，根据民众痛恨秦朝苛法这一情况，顺应历史潮流，给他们除旧更新。韩信、黥布等都已被诛灭，而萧何的功勋更显得灿烂。他的地位为群臣之冠，声望延及后世，可以与闳夭、散宜生等人争辉媲美了。

管晏列传(节选)

管仲夷吾者,颍上人也。少时常与鲍叔牙游①,鲍叔知其贤。管仲贫困,常欺②鲍叔,鲍叔终③善遇之,不以为言④。已而⑤鲍叔事齐公子小白,管仲事公子纠。及小白立为桓公,公子纠死,管仲囚⑥焉。鲍叔遂进⑦管仲。管仲既用,任政于齐,齐桓公以霸⑧,九合⑨诸侯,一匡⑩天下,管仲之谋也。

【注释】

① 游:交游,来往。

② 欺:占便宜。

③ 终:始终。

④ 不以为言:不以此为借口。

⑤ 已而:不久。

⑥ 囚:囚禁。

⑦ 进:保举,推荐。

⑧ 霸:称霸。

⑨ 九:虚数,犹言多次。合:会盟。

⑩ 匡:匡正,纠正。

【译文】

管仲,名夷吾,颍上人。他年轻的时候,经常和鲍叔牙交往,鲍叔牙知道他贤明、有才干。管仲家贫,经常占鲍叔的便宜,但鲍叔始终对管仲很好,不因为这些事而有什么怨言。不久,鲍叔侍奉齐国公子小白,管仲侍奉齐国公子纠。等到小白即位,立为齐桓公以后,公子纠被杀,管仲被囚禁。于是鲍叔向齐桓公推荐管仲。管仲被任用以后,在齐国执政,桓公凭借着管仲而称霸天下,并以霸主的身份,多次会盟诸侯,使天下归正于一,这都是管仲的智谋。

管仲曰:"吾始困时,尝与鲍叔贾①,分财利多自与②,鲍叔不以我为贪,知我贫也。吾尝为鲍叔谋事而更穷困③,鲍叔不以我为愚,知时④有利不利也。吾尝三仕三见⑤逐于君,鲍叔不以我为不肖⑥,知我不遭时⑦也。吾尝三战三走⑧,鲍叔不以我为怯,知我有老母也。公子纠败,召忽死之,吾幽囚受辱,鲍叔不以我为无耻,知我不羞小节而耻⑨功名不显于天下也。生我者父母,知我者鲍子也。"

【注释】

① 贾:古时候称行商为"商",坐商为"贾"。这里特指坐地经商。
② 多自与:自己多拿一些。
③ 穷困:困厄,窘迫。
④ 时:时机。
⑤ 三:泛指多次。见:被。
⑥ 不肖:不贤。
⑦ 遭:遇,逢。时:时运。
⑧ 走:逃跑。
⑨ 羞:以……为羞。耻:以……为耻。

【译文】

管仲说:"当初我贫困时,曾经和鲍叔一起经商,分财时自己总是多要一些,鲍叔并不认为我贪财,而是知道我家里贫穷。我曾经替鲍叔出谋划策,反而使他更加窘迫,鲍叔不认为我愚笨,他知道时运有顺利和不顺利。我曾经多次做官多次都被国君驱逐,鲍叔不认为我没有才能，他知道我没遇上好时机。我曾经多次打仗多次逃跑，鲍叔不认为我胆小，他知道我家里有老母需要赡养。公子纠失败，召忽为之殉难，我被囚禁遭受屈辱，鲍叔不认为我没有廉耻，知道我不因小的过失而感到羞愧，却以功名不显扬于天下而感到耻辱。生我、养我的是父母，真正了解我的是鲍叔啊。"

鲍叔既进管仲，以身下①之。子孙世禄②于齐，有封邑者十余世③，常为名大夫。天下不多④管仲之贤而多鲍叔能知人也。

【注释】

① 下：位置在下。
② 世禄：世代享受俸禄。
③ 十余世：十多代。
④ 多：推重，赞美。

【译文】

鲍叔推荐了管仲以后，情愿官居管仲之下。他的子孙世世代代在齐国享受俸禄，得到封地的有十几代，多数是著名的大夫。天下的人不称赞管仲的才干，反而赞美鲍叔能够识别人才。

管仲既任政相①齐，以区区②之齐在海滨，通货③积财，富国强兵，与俗④同好恶。故其称⑤曰："仓廪实而知礼节，衣食足而知荣辱，上服度⑥则六亲固⑦。四维⑧不张，国乃灭亡。下令如流水之原⑨，令顺民心。"故论卑⑩而易行。俗之所欲，因而予之；俗之所否，因而去⑪之。

【注释】

① 相：出任国相。
② 区区：小，少。形容微不足道。
③ 通货：交换货物。
④ 俗：指百姓。
⑤ 称：称述。
⑥ 上：国君。服度：遵守法度。
⑦ 六亲：指父、母、兄、弟、妻、子，也泛指亲戚、亲人。固：安固，稳固。
⑧ 四维：礼、义、廉、耻。维，纲，即网上的总绳，此引申为纲要、原则。
⑨ 原：通"源"，水的源头。
⑩ 论卑：道理浅显，政令平易。
⑪ 去：废除。

【译文】

管仲执掌齐政出任齐相以后，凭借着小小的齐国在海滨的条件，与别国流通货物，积聚财富，使得国富兵强，所好所恶与百姓统一起来。所以，他在《管子》一书中称述说："仓库储备充实了，百姓才懂得礼节；衣食丰足了，百姓才能分辨荣辱；君主如能遵守法度，那么父母兄弟妻儿才能亲密坚固。不提倡礼义廉耻，国家就会灭亡。国家颁布的政令，好像水从源头上流下来，要让它顺着百姓的心意。"所以道理浅显、政令平易、符合下情就容易推行。百姓想要得到的，就给他们；百姓所反对的，就替他们废除。

其为政也，善因①祸而为福，转败而为功。贵轻重②，慎权衡③。桓公实怒少姬，南袭蔡，管仲因而伐楚，责包茅④不入贡于周室。桓公实北征山戎⑤，而管仲因而令燕修召公之政。于柯之会，桓公欲背曹沫之约，管仲因而信⑥之，诸侯由是归齐。故曰："知与⑦之为取，政之宝也。"

【注释】

① 因：依靠，凭借。
② 轻重：事物的轻重缓急。
③ 权衡：称量物体轻重的器具。权，秤锤。衡，秤杆。
④ 包茅：成束的青茅，楚国向周天子进贡的物品。古代祭祀时，用它来滤酒。包，裹束。茅，青茅。
⑤ 山戎：又称北戎，古族名，春秋时活动在河北北部一带。
⑥ 信：信服。
⑦ 与：给予。

【译文】

管仲执政的时候，善于把祸患化为吉祥，将失败转化为成功。他重视分别事物的轻重缓急，慎重地权衡事情的利弊得失。齐桓公实际上是怨恨少姬改嫁而向南袭击蔡国，管仲就寻找借口攻打楚国，责备它没有向周王室进贡青茅。桓公实际上是向北出兵攻打山戎，而管仲就趁机让燕国整顿召公时期的政教。在柯地会盟，桓公想背弃曹沫逼迫他订立的盟约，管仲就顺应形势劝他信守盟约，诸侯们因此归顺齐国。所以说："懂得给予正是为了取得的道理，这是治理国家的法宝。"

管仲富拟①于公室，有三归②、反坫③，齐人不以为侈④。管仲卒，齐国遵其政，常强于诸侯。后百余年而有晏子焉。

【注释】

① 拟：比拟，类似。
② 三归：管仲的封邑名，建筑华丽的台。

③ 坫：古代设于堂中供祭祀、宴会时放礼器和酒具的土台。

④ 侈：放纵，放肆。

【译文】

　　管仲富贵得可以跟国君相比拟，拥有布置华丽的三归台和国君的宴饮设备，齐国人却不认为他奢侈僭越。管仲逝世后，齐国仍遵循他的政策，一直比其他诸侯国强大。此后过了百余年，齐国又出了个晏婴。

　　太史公曰：管仲，世所谓贤臣，然孔子小之①。岂以为周道衰微，桓公既贤，而不勉之至王，乃称霸哉？语曰"将顺②其美，匡救③其恶，故上下④能相亲也"。岂管仲之谓乎？

【注释】

① 小之：认为他器量狭小。

② 将顺：顺势助成。

③ 匡救：纠正，挽救。

④ 上下：指君臣百姓。

【译文】

　　太史公说：管仲是世人所说的贤臣，然而孔子小看他。难道是因为周朝统治衰微，桓公既然贤明，管仲不勉励他实行王道却辅佐他称霸吗？古语说"要顺势助成君子的美德，纠正挽救他的过错，所以君臣百姓之间能亲密无间"。这大概就是说的管仲吧？

司马穰苴列传

司马穰苴者，田完之苗裔①也。齐景公时，晋伐阿、甄，而燕侵河上，齐师败绩②。景公患③之。晏婴乃荐田穰苴曰："穰苴虽田氏庶孽④，然其人文能附众⑤，武能威敌，愿君试之。"景公召穰苴，与语兵事，大说⑥之，以为将军，将兵扞⑦燕晋之师。穰苴曰："臣素卑贱，君擢之闾伍⑧之中，加之大夫之上，士卒未附，百姓不信，人微权轻，愿得君之宠臣，国之所尊，以监军，乃可。"于是景公许之，使庄贾往。

【注释】

① 苗裔：后代。
② 败绩：大败。
③ 患：忧虑。
④ 孽：庶出的，宗法制度下指家庭的旁支。
⑤ 附众：使众人归附，得到大家的拥护。
⑥ 说：同"悦"，高兴，欣赏。
⑦ 扞：抵御，保卫。
⑧ 擢：选拔，提拔。闾伍：乡里，民间。

【译文】

司马穰苴，是田完的后代。齐景公时，晋国出兵攻打齐国的阿、甄，燕国进犯河上，齐国的军队被打得大败。齐景公为此非常忧虑。于是晏婴就向齐景公推荐田穰苴，说："穰苴虽说是田氏家族的庶子，可是他的文才能得到大家的归服、顺从，武略能慑服敌人，希望君王能起用他。"于是齐景公召见了穰苴,跟他共同议论军国大事,齐景公非常高兴,立即任命他为将军,率兵去抵抗燕、晋两国的军队。穰苴说:"我的地位一向是卑微的,君王把我从平民中提拔起来,置于大夫之上,士兵们不会服从,百姓也不会信任,资望轻微,权威就树立不起来,希望能派一位君王宠信、国家尊重的大臣,来做监军,这样才好。"于是齐景公就答应了他的要求,派庄贾去做监军。

  穰苴既辞,与庄贾约①曰:"旦日日中会于军门②。"穰苴先驰至军,立表下漏③待贾。贾素骄贵,以为将己之军而己为监,不甚急;亲戚左右④送之,留饮。日中而贾不至。穰苴则仆表决漏⑤,入,行军勒兵,申明约束。约束既定,夕时,庄贾乃至。穰苴曰:"何后期⑥为?"贾谢曰:"不佞⑦大夫亲戚送之,故留。"穰苴曰:"将受命之日则忘其家,临军约束则忘其亲,援枹鼓⑧之急则忘其身。今敌国深侵,邦内骚动,士卒暴露于境,君寝不安席,食不甘味,百姓之命皆悬于君,何谓相送乎!"召军正⑨问曰:"军法期而后至者云何?"对曰:"当斩。"庄贾惧,使人驰报景公,请救。既往,未及反⑩,于是遂斩庄贾以徇三军⑪。三军之士皆振栗⑫。久之,景公遣使者持节⑬赦贾,驰入军中。穰苴曰:"将在军,君令有所不受。"问军正曰:"驰三军法何?"正曰:"当斩。"使者大惧。穰苴曰:"君之使不可杀之。"乃斩其仆,车之左驸⑭,马之左骖⑮,以徇三军。遣使者还报,然后行。

【注释】

① 约:约定。
② 日中:正午,中午。军门:军营大门。
③ 立表下漏:定准时间。立表,在阳光下竖起木杆,根据阳光照射的影子的移动,来计算时间。下漏,把铜壶下穿一小孔,壶中立箭,

箭杆上刻有度数，底孔漏水逐渐显露箭上刻度以定时间。

④ 左右：对人不直称其名，只称左右，以表示尊敬。这里指亲近的人。

⑤ 仆表：把计时的木杆打倒。仆，向前跌倒。决漏：把壶里的水放出。决，毁坏，破坏。

⑥ 期：约定的时间。

⑦ 不佞：不才，无才。自谦词。

⑧ 援：操起，拿起。枹：鼓槌。鼓：击鼓。

⑨ 军正：官名，掌管军法。

⑩ 反：同"返"，返回。

⑪ 徇：示众。三军：大国军队分为上、中、下三军，这里用三军代指全军。

⑫ 振栗：颤栗，发抖。

⑬ 节：符节，传达国君命令的信物。

⑭ 驸：通"辅"，夹车木。

⑮ 骖：古代用三匹或四匹马拉车时，两边的马叫"骖"。

【译文】

穰苴向景公辞行后，便和庄贾约定说："明天正午在营门会齐。"第二天，穰苴率先赶到军门，立起了计时的木表和漏壶，等待庄贾。但庄贾一向骄淫显贵，认为率领的是自己的军队，自己又做监军，就一点也不着急；亲朋好友为他饯行，挽留他喝酒。已经到了正午，庄贾还没到来。穰苴就掘倒木表，推翻漏壶，进入军营，巡视营地，整饬军队，宣明军纪。等他部署完毕，已是日暮时分，庄贾这才到来。穰苴说："为什么在约定的时刻已过才赶到？"庄贾表示歉意地解释说："朋友、亲戚们给我送行，所以耽搁了。"穰苴说："身为将领，从接受命令的那一刻起，就应当忘掉自己的家庭；置身军队，受军纪约束，就应当忘掉私人的交情；擂鼓进军，战况紧急的时刻，就应当忘掉自己的生命。如今敌人已深入国境，国内骚乱不安；战士们日晒露宿在战场前线，国君寝食不安，百姓的生命都维系在你的身上，怎么能去宴饮而贻误军机呢？"于是把军法官叫来，问道："军法上，对约定时刻迟到的人作何处置？"回答说："应当斩首。"庄贾很害怕，派人飞马报告齐景公，请他搭救。报信的人去后不久，还没来得及返回，穰苴就把庄贾斩首并在全军巡行示众，将士都震惊害怕。过了好长时间，齐景公派的使者才拿着节符来赦免庄贾，车马飞奔闯入军营。穰苴说："将领在军队里，国君的命令有的可以不接受。"又问军法官说："驾着车马在军营里奔驰，军法如何处置？"军法官说："应当斩首。"使者异常恐惧。穰苴说："国君的使者不能斩首。"就斩了使者的仆从，砍断了左边的夹车木，杀死了左边驾车的马，向全军巡行示众。又让使者回去向齐景公报告，然后就出发了。

士卒次舍①，井灶饮食问疾医药，身自拊循②之。悉取将军之资粮享③士卒，身与士卒平分粮食。最比其羸弱④者，三日而后勒兵。病者皆求行，争奋出为之赴战。晋师闻之，为罢⑤去。燕师闻之，度水而解。于是追击之，遂取所亡⑥封内故境而引兵归。

【注释】

① 次舍：宿营。次，临时驻扎和住宿。舍，古代行军一宿或三十里为一舍。
② 身自：亲自。拊循：抚慰，安抚。
③ 享：通"飨"，供食款待。
④ 最：总，集合。比：排列。羸弱：瘦，弱。
⑤ 罢：撤退。
⑥ 所亡：所失掉的。

【译文】

士兵们安营、休息、掘井、饮食、疾病、医药,田穰苴都亲自过问并抚慰他们。还把自己作为将军专用的物资粮食全部拿出来款待士兵,自己和士兵一样平分粮食。把体弱有病的统计出来,三天后重新整训军队,准备出战。病弱的士兵也都要求一同奔赴战场,争先奋勇地为他战斗。晋国军队得知了这种情况,就把军队撤回去了。燕国军队获悉了这种情况,也渡黄河赶回取消了攻齐计划。于是齐国的军队乘势追击他们,收复了所有沦陷的领土,然后率兵凯旋回朝。

未至国①,释②兵旅,解约束,誓盟而后入邑。景公与诸大夫郊迎,劳师成礼③,然后反归寝。既见穰苴,尊④为大司马。田氏日以益尊于齐。

【注释】

① 国:指国都。
② 释:解除。
③ 成礼:按照一定的程序行完礼节。
④ 尊:敬重、推崇地任命。

【译文】

还没到国都,就解除了战备,取消了战时号令,宣誓立盟而后才进入国都。齐景公率领文武百官到城外来迎接,按照礼仪慰劳将士后,才回到寝宫。已接见了田穰苴,齐景公敬重地任命他做大司马。从此,田氏在齐国的地位就一天天地显贵起来。

已而大夫鲍氏、高、国之属害①之,谮②于景公。景公退穰苴,苴发疾而死。田乞、田豹之徒由此怨高、国等。其后及田常杀简公,尽灭高子、国子之族。至常曾孙和,因自立为齐威王,用兵行威,大放③穰苴之法，而诸侯朝④齐。

齐威王使大夫追论古者《司马兵法》而附穰苴于其中，因号曰《司马穰苴兵法》⑤。

【注释】

① 害：忌妒。

② 谮：中伤，诬陷。

③ 放：通"仿"，效法。

④ 朝：朝拜。

⑤ 《司马穰苴兵法》：古代兵书名。齐威王让大夫整理《司马兵法》时，把司马穰苴的兵法附在其中，定名叫《司马穰苴兵法》。《汉书·艺文志》谓有百五十篇，今仅存五篇。

【译文】

后来，大夫鲍氏、高氏、国氏一班人忌妒穰苴，在齐景公面前中伤、诬陷他。齐景公就解除了他的官职，穰苴发病而死。田乞、田豹等人因此怨恨高氏、国氏等家族。此后，等到田常杀死齐简公，就把高氏、国氏家族全部诛灭了。到了田常的曾孙田和时，便自立为君，号为齐威王。齐威王率兵打仗施使权威，都广泛地效法穰苴的做法，从而使各国诸侯都到齐国朝拜。

齐威王派大夫研究整理古代的《司马兵法》时，把大司马田穰苴的兵法也附在里边，故而定名叫《司马穰苴兵法》。

太史公曰：余读《司马兵法》，闳廓①深远，虽三代②征伐，未能竟③其义，如其文也，亦少褒矣。若夫穰苴，区区为小国行师，何暇及《司马兵法》之揖让④乎？世既多《司马兵法》，以故不论，著穰苴之列传焉。

【注释】

① 闳廓：宏大广博。

② 三代：指夏、商、周三个朝代。

③ 竟：穷，尽。

④ 揖让：宾主相见的礼仪，以示谦让。这里引申为相提并论。

【译文】

　　太史公说：我读《司马兵法》，感到宏大广博，深远不可测度。即使是夏、商、周三代的战争征伐，也未能完全发挥出它的内蕴，像现在把《司马穰苴兵法》的文字附在里边，也未免推许过分了。至于说到田穰苴，不过是为小小的诸侯国带兵打仗，怎么能和《司马兵法》相提并论呢？社会上既然流传着许多《司马兵法》，因此不再评论，只写这篇《司马穰苴列传》。

孙子吴起列传

孙子①武者，齐人也。以兵法见于吴王阖庐。阖庐曰："子②之十三篇，吾尽观之矣，可以小试勒兵③乎？"对曰："可。"阖庐曰："可试以妇人乎？"曰："可。"于是许之，出宫中美女，得百八十人。孙子分为二队，以王之宠姬④二人各为队长，皆令持戟⑤。令之曰："汝知而⑥心与左右手背乎？"妇人曰："知之。"孙子曰："前，则视心；左，视左手；右，视右手；后，即视背⑦。"妇人曰："诺。"约束既布⑧，乃设铁钺⑨，即三令五申⑩之。于是鼓之右⑪，妇人大笑。孙子曰："约束不明，申令不熟，将之罪也。"复三令五申而鼓之左，妇人复大笑。孙子曰："约束不明，申令不熟，将之罪也；既已明而不如法⑫者，吏士⑬之罪也。"乃欲斩左右队长。吴王从台上观，见且⑭斩爱姬，大骇，趣使使⑮下令曰："寡人已知将军能用兵矣。寡人非此二姬，食不甘味⑯，愿勿斩也。"孙子曰："臣既已受命为将，将在军，君命有所不受。"遂斩队长二人以徇⑰。用其次为队长，于是复鼓之。妇人左右前后跪起皆中规矩绳墨⑱，无敢出声。于是孙子使使报王曰："兵既整齐，王可试下观之，唯⑲王所欲用之，虽赴水火犹可也。"吴王曰："将军罢休就舍⑳，寡人不愿下观。"孙子曰："王徒㉑好其言，不能用其实。"于是阖庐知孙子能用兵，卒以为将。西破强楚，入郢，北威齐晋，显名诸侯，孙子与㉒有力焉。

【注释】

① 子：古代对男子的尊称。

② 子：第二人称代词，你。

③ 小试：以小规模的操演做实验。勒兵：用兵法统率指挥军队。勒，约束、统率。

④ 姬：侍妾。

⑤ 戟：古代青铜制的兵器，它将矛、戈的特性融为一体，既能直刺，又能横击。

⑥ 而：通"尔"，第二人称，你的，你们的。

⑦ 视背：向后转。

⑧ 约束：纪律，规定。既：已经。布：宣布。

⑨ 铁钺：长柄大斧，古时军中对违反军法处死刑者行刑的兵器。这里借指刑具，表明正式开始执法。铁，铡刀，用作腰斩的刑具。钺，古兵器，青铜或铁制成，形状像板斧而较大，刃圆或平，持以砍斫。

⑩ 三令五申：再三地命令、告诫，重复地交待。三、五是虚数，指遍数之多。

⑪ 鼓之右：击鼓传令向右。鼓，击鼓发令。

⑫ 不如法：不按照号令去做。

⑬ 吏士：带领士兵的官，这里指两个队长。

⑭ 且：将要。

⑮ 趣：通"促"，急忙，赶快。使使：派遣使者。

⑯ 甘味：味道甜美。

⑰ 徇：巡行示众。

⑱ 中：符合。规矩：校正圆形和方形的器具。绳墨：木工用以正曲直的墨线。这里均借指军令、纪律。

⑲ 唯：只，但，引申为任由之义。

⑳ 就舍：回到客舍。

㉑ 徒：只。

㉒ 与：参与。

【译文】

　　孙子名武，是齐国人。因为他精通兵法受到吴王阖庐的接见。阖庐说："您的十三篇兵书我都看过了，可用来小规模地试着操练指挥军队吗？"孙子回答说："可以。"阖庐说："可以用妇女来试验吗？"回答说："可以。"于是阖庐答应他试验，叫出宫中美女，得到一百八十人。孙子把她们分为两队，让吴王阖庐最宠爱的两位侍妾分别担任各队队长，让所有的美女各拿一支戟。号令她们说："你们知道自己的心、左右手和背吗？"妇人们回答说："知道。"孙子说："我说前，你们就看心口所对的方向；我说左，你们就看左手所对的方向；我说右，你们就看右手所对的方向；我说后，你们就向后转看背所对的方向。"妇人们答道："是。"号令宣布完毕，于是摆好铁钺等刑具，旋即又把已经宣布的号令多次重复地交待。于是击鼓传令叫她们向右，妇人们都哈哈大笑。孙子说："纪律还不清楚，号令不熟悉，这是将领的过错。"于是又多次重复地交待清楚，然后击鼓发令让她们向左，妇人们又都哈哈大笑。孙子说："纪律弄不清楚，号令不熟悉，这是将领的过错；现在既然讲得清清楚楚，却不遵照号令行事，那就是带领士兵的军官的过错了。"于是就要斩杀左、右两队的队长。吴王正在台上观看，见孙子将要杀自己的爱妾，大吃一惊。急忙派使臣传达命令说："我已经知道将军善用兵了，我要是没了这两个侍妾，吃起东西来也感觉不到味道的甜美，请你不要杀她们吧。"孙子回答说："我已经接受命令为将，将在军队里，国君的命令有时可以不接受。"于是杀了两个队长以示众。然后按顺序任用第二人为队长，于是再击鼓发令，妇人们不论是向左向右、向前向后、跪倒、站起都符合号令、纪律的要求，再没有人敢出声。于是孙子派使臣向吴王报告说："队伍已经操练整齐，大王可以下台来验察她们的演习，任凭大王怎样使用她们，即使叫她们赴汤蹈火也办得到啊。"吴王说："让将军停止演练，回客舍休息休息吧。我不想下去察看了。"孙子感叹地说："大王只是欣赏我的军事理论，却不能让我付诸实践。"从此，吴王阖庐知道孙子果真善于用兵，终于任命他做了将军。后来吴国向西击败了强大的楚国，攻入郢都，向北威震齐国和晋国，在诸侯各国中声名赫赫。这中间，孙子不仅参与，而且出了很大的力啊！

孙武既死，后百余岁有孙膑①。膑生阿、鄄②之间，膑亦孙武之后世子孙也。孙膑尝与庞涓俱学兵法。庞涓既事魏，得为惠王③将军，而自以为能④不及孙膑，乃阴⑤使召孙膑。膑至，庞涓恐其贤于己，疾⑥之，则以法刑⑦断其两足而黥⑧之，欲隐勿见⑨。

【注释】

① 孙膑：因受膑刑，故称孙膑。膑，古代一种剔掉膝盖骨的酷刑。
② 阿：齐邑，即今山东阳谷东北阿城镇。鄄：原是卫邑，后归齐，即今山东鄄城。
③ 惠王：魏惠王，亦称梁惠王。
④ 能：才能，本领。
⑤ 阴：暗中，秘密地。
⑥ 疾：通"嫉"，嫉妒，憎恨。
⑦ 法刑：假借罪名处刑。
⑧ 黥：即墨刑，用刀刺刻犯人的面额后涂以墨。
⑨ 见：同"现"，出现，显现。

【译文】

孙子死后，隔了一百多年又出了一个孙膑。孙膑出生在阿城和鄄城之间，也是孙武的后代子孙。他曾经和庞涓一道学习兵法。庞涓侍奉辅佐魏国以后,当上了魏惠王的将军,却自认为自己的才能比不上孙膑,就秘密地把孙膑找来。孙膑来了后,庞涓害怕他比自己贤能,嫉妒他,就假借罪名砍掉他两只脚,并且在他脸上刺了字,想把他隐藏起来不让他抛头露面。

齐使者如梁①,孙膑以刑徒②阴见,说③齐使。齐使以为奇④,窃载与之齐⑤。齐将田忌善而客待之⑥。忌数与齐诸公子⑦驰逐重射⑧。孙子见其马足⑨不甚相远⑩,马有上、中、下辈⑪。于是孙子谓田忌曰:"君弟⑫重射,臣能令君胜。"田忌信然之,与王及诸公子逐射千金。及临质⑬,孙子曰:"今以君之下驷与彼上驷,取君上驷与彼中驷,取君中驷与彼下驷。"既驰三辈毕,而田忌一不胜而再胜⑭,卒得王千金。于是忌进⑮孙子于威王。威王问兵法,遂以为师⑯。

【注释】

① 如梁:到魏都大梁。如,往,到。
② 以刑徒:以刑徒的身份。刑徒,受过刑的人,即犯人。
③ 说:陈述己见,规劝对方,使之听从自己的意见。
④ 奇:指难得的人才。
⑤ 窃:暗地里,秘密地。与之齐:同到齐国。
⑥ 善:赏识。客待之:像对待宾客一样对待他。
⑦ 数:屡次。诸公子:贵族子弟。
⑧ 驰逐重射:赛马打赌。驰逐,指赛马。重射,押重金赌输赢。
⑨ 马足:马的脚力,速度。
⑩ 不甚相远:相差不大。
⑪ 辈:等。
⑫ 弟:通"第",但,只管。

⑬ 临质：临场比赛。质，对，评断、评量。

⑭ 一不胜而再胜：败一次胜两次。

⑮ 进：推荐。

⑯ 以为师：尊孙膑为老师。

【译文】

　　齐国的使臣来到大梁，孙膑以犯人的身份秘密地会见了齐国使臣，并游说使臣。齐国使臣认为他是个难得的人才，就偷偷地用车载着他一同回齐国。齐国将军田忌不仅赏识孙膑而且还像对待客人一样对待他。田忌经常跟齐国贵族子弟赛马，下很大的赌注。孙膑发现他们的马脚力都差不多，可分为上、中、下三等。于是孙膑对田忌说："你只管下重金，我能让你获得胜利。"田忌信以为然，与齐王及贵族子弟们比赛时下了千金的赌注。到临场比赛，孙膑对田忌说："现在用您的下等马对付他们的上等马，拿您的上等马对付他们的中等马，让您的中等马对付他们的下等马。"三次比赛结束了，田忌败了一次，胜了两次，终于赢得了齐王千金赌注。于是田忌就把孙子推荐给齐威王。威王向他请教兵法后，尊称他为老师。

　　其后魏伐赵，赵急，请救于齐。齐威王欲将①孙膑，膑辞谢曰："刑余之人②不可。"于是乃以田忌为将，而孙子为师，居辎车③中，坐为计谋。田忌欲引兵之赵④，孙子曰："夫解杂乱纷纠者不控卷⑤，救斗者不搏撠⑥，批亢捣虚⑦，形格势禁⑧，则自为解耳。今梁赵相攻，轻兵锐卒必竭⑨于外，老弱罢⑩于内。君不若引兵疾⑪走大梁，据其街路⑫，冲其方虚⑬，彼必释⑭赵而自救。是我一举解赵之围而收弊于魏⑮也。"田忌从之，魏果去邯郸，与齐战于桂陵⑯，大破梁军。

【注释】

① 将：以……为将军。

② 刑余之人：受过刑罚而残存下来的人，也指被赦免的罪人。

③ 辎车：古代一种外面罩有车篷、布帘的带有帷盖的大车。

④ 之赵：到赵。

⑤ 杂乱纷纠：事情好像纠缠在一起的乱丝乱麻，没有头绪。控卷：不能紧握拳头。控，抓紧，引申为握掌。卷，古通"拳"，拳头。

⑥ 斗：持兵而斗。搏撠：以戟相斗。撠，击、刺。

⑦ 批亢捣虚：攻打要害和虚弱之处。批，打，攻击。亢，喉咙。

⑧ 形格势禁：在形势上牵制住敌方。形、势，指行军阵势。格、禁，阻挡，遏制，制止。

⑨ 竭：尽，消耗。

⑩ 罢：通"疲"，疲劳，疲乏。

⑪ 疾：赶快。

⑫ 街路：交通要道。

⑬ 方虚：正当空虚处。方，正当，刚好。

⑭ 释：放弃。

⑮ 收弊于魏：收到魏国困顿的效果。弊，困顿。

⑯ 桂陵：魏地，在今河南长垣西北。

【译文】

后来魏国攻打赵国，赵国形势危急，向齐国求救。齐威王打算任用孙膑为主将，孙膑辞谢说："受过酷刑而残存下来的人，不能任主将。"于是就任命田忌做主将，孙膑为军师，坐在辎车之中，暗中谋划。田忌想要率领救兵直奔赵国，孙膑说："想解开乱丝乱麻的人，不能紧握双拳生拉硬扯；制止械斗的人，不能自己持戟对打；扼住争斗者的要害和虚弱之处，在形势上牵制住敌方，那么争斗就会自行解开。如今魏赵两国相互攻打，魏国的精锐部队必定消耗于国外，老弱残兵也在国内疲惫不堪。你不如率领军队火速向大梁挺进，占据它的交通要道，冲击它正当空虚的地方，魏国肯定会放弃赵国而回兵自救。这样，我们一举解救了赵国之围，而又可坐收魏国困顿之功效。"田忌听从了孙膑的意见。魏军果然离开邯郸回师自救，在桂陵地方与齐军交战，结果魏军被打得大败。

后十三岁，魏与赵攻韩，韩告急于齐。齐使田忌将而往，直走大梁。魏将庞涓闻之，去韩而归，齐军既已过[①]而西[②]矣。孙子谓田忌曰："彼三晋之兵[③]，素[④]悍勇而轻齐，齐号为怯[⑤]，善战者因其势而利导之[⑥]。兵法，百里而趣利者蹶[⑦]上将，五十里而趣利者军半至[⑧]。使齐军入魏地为十万灶，明日为五万灶，又明日为三万灶。"庞涓行三日，大喜，曰："我固知齐军怯，入吾地三日，士卒亡[⑨]者过半矣。"乃弃其步军，与其轻锐倍日并行[⑩]逐之。孙子度[⑪]其行，暮当至马陵[⑫]。马陵道陕[⑬]，而旁多阻隘，可伏兵，乃斫大树白而书[⑭]之曰"庞涓死于此树之下"。于是令齐军善射者万弩，夹道而伏，期[⑮]曰"暮见火举而俱发"。庞涓果夜至斫木下，见白书，乃钻火烛之[⑯]。读其书[⑰]未毕，齐军万弩俱发，魏军大乱相失[⑱]。庞涓自知智穷兵败，乃自刭，曰："遂成竖子[⑲]之名！"齐因乘胜尽破其军，虏魏太子申以归。孙膑以此名显天下，世传其兵法[⑳]。

【注释】

① 过：走过，经过。
② 西：西入魏地。
③ 三晋之兵：泛指韩、赵、魏的士兵，这里专指魏国的士兵。春秋末年，三家分晋，成为战国时的韩、赵、魏三国，史称三晋。

④ 素：一向，向来。

⑤ 齐号为怯：齐军被称之为怯懦畏敌的军队。号，宣称，称号。

⑥ 因其势而利导之：顺应魏兵认为齐兵胆怯的思想，让齐兵伪装胆怯逃亡，诱导魏军深入。

⑦ 趣：同"趋"，争取，争夺。蹶：受挫折。

⑧ 军半至：军队只能到达一半。

⑨ 亡：逃跑。

⑩ 倍日并行：两天的路程一天走完，即兼程而行。

⑪ 度：估计，揣测。

⑫ 马陵：魏地，在今河北大名东南。

⑬ 陕：通"狭"，狭窄。

⑭ 斫：砍，此处指剥去树皮。白：刮去树皮使白木露出。书：写。

⑮ 期：约定。

⑯ 钻火烛之：取火照亮树干上的字。钻火，点火。烛，照，照亮。

⑰ 书：字。

⑱ 相失：混乱，彼此不相照应。

⑲ 竖子：小子，愚弱无能的人。对人的蔑称。

⑳ 兵法：指《孙膑兵法》。

【译文】

　　又过了十三年，魏国和赵国联合攻打韩国，韩国向齐国告急。齐王派田忌率领军队前去救援，径直进军大梁。魏将庞涓听到这个消息，就率师撤离韩国回魏国，而齐军已经越过边界向西进入魏地了。孙膑对田忌说："魏军向来号称凶悍勇猛，看不起齐兵，齐兵被蔑称作胆小怯懦。善于指挥作战的将领，就要顺应着这样的趋势而加以引导。兵法上说：用急行军走百里和敌人争利的，就会和后续部队脱节，有可能折损带领先头部队的主将；用急行军走五十里和敌人争利的，因为前后不能接应，可能只有一半的士兵能到达。让我军进入魏境后先砌十万人做饭的灶，第二天砌五万人做饭的灶，第三天砌三万人做饭的灶。"庞涓行军三日，特别高兴地说："我本来就知道齐军胆小怯懦，进入我国境才三天，士兵逃亡的就已超过了半数啊！"于是放弃了他的步兵，带领轻装精锐部队，日夜兼程地追击齐军。孙膑估计他的行程，当晚可以赶到马陵。马陵的道路狭窄，两旁又多是峻隘险阻，适合埋伏军队。孙膑就叫人剥去树皮，露出白木，在上面写道"庞涓死于此树之下"。于是命令一万名善于射箭的弓弩手，隐伏在马陵道两边，约定说"晚上看见树下火光亮起，就万箭齐发"。庞涓当晚果然赶到砍去树皮的大树下，看见白木上写着字，就点火照树干上的字读了起来。还未读完，齐军伏兵就万箭齐发了，魏军大乱，彼此不能相接应。庞涓自知无计可施，败成定局，就拔剑自刎，临死说："终于成就了这小子的名声！"齐军就乘胜追击，把魏军彻底击溃，俘虏了魏国太子申回国。孙膑也因此名扬天下，后世流传着他的《兵法》。

吴起者，卫人也，好用兵①。尝②学于曾子，事③鲁君。齐人攻鲁，鲁欲将吴起，吴起取④齐女为妻，而鲁疑之。吴起于是欲就名⑤，遂杀其妻，以明不与齐⑥也。鲁卒以为将。将而攻齐，大破之。

【注释】

① 好用兵：善于用兵。
② 尝：曾经。
③ 事：侍奉。
④ 取：同"娶"。
⑤ 就名：成就名声。就，完成。
⑥ 不与齐：不亲附齐国。与，亲附。

【译文】

　　吴起是卫国人，善于用兵。曾经向曾子求学，侍奉鲁国国君。齐国的军队攻打鲁国，鲁国想任用吴起为主将，而吴起娶的妻子却是齐国人，因而鲁君怀疑他。当时，吴起一心想成名，就杀了自己的妻子，用来表明他不亲附齐国。鲁君终于任命他做了将军，率领军队攻打齐国，把齐军打得大败。

　　鲁人或恶①吴起曰："起之为人，猜忍②人也。其少时，家累千金，游仕不遂③。遂破其家。乡党④笑之，吴起杀其谤己者三十余人，而东出卫郭门⑤。与其母诀⑥，啮臂而盟⑦曰：'起不为卿相，不复入卫。'遂事曾子。居顷之⑧，其母死，起终不归。曾子薄⑨之，而与起绝⑩。起乃之鲁，学兵法以事鲁君。鲁君疑之，起杀妻以求将。夫鲁小国，而有战胜之名，则诸侯图⑪鲁矣。且鲁卫兄弟之国⑫也，而君用起，则是弃卫。"鲁君疑之，谢⑬吴起。

【注释】

① 或：有的人。恶：诋毁，说坏话。
② 猜忍：猜疑而残忍。
③ 游仕：外出谋求做官。遂：遂心、如愿。
④ 乡党：乡里，同乡。
⑤ 郭门：古代外城城门。
⑥ 诀：决绝、长别。
⑦ 啮臂而盟：咬破胳膊取血盟誓。啮，咬破。
⑧ 居顷之：过了不久。
⑨ 薄：轻视，瞧不起。
⑩ 绝：断绝关系。
⑪ 图：算计，谋取。

⑫ 鲁卫兄弟之国：鲁卫两国皆出姬姓，所以叫兄弟之国。
⑬ 谢：疏远而不信任。

【译文】

　　鲁国有人诋毁吴起说："吴起这个人，生性多疑而又残忍。他年轻的时候，家里积蓄足有千金，在外边求官没有结果，最终把家产也荡尽了。同乡邻里的人都笑话他，吴起就杀掉三十多个讥笑自己的人，然后从卫国的东门逃跑了。他和母亲诀别时，咬破自己的胳膊盟誓说：'我吴起不做卿相，绝不再回卫国。'于是就拜曾子为师。没过多久，他的母亲死了，吴起最终还是没有回去奔丧。曾子瞧不起他并和他断绝了师徒关系。吴起就到鲁国去，学习兵法来侍奉鲁君。鲁君怀疑他，吴起杀掉妻子表明心迹，以谋求将军的职位。鲁国虽然是个小国，却有着胜国的名声，那么诸侯各国就要谋算鲁国了。况且鲁国和卫国是兄弟国家，鲁君要是重用吴起，就等于抛弃了卫国。"鲁君就疏远了吴起。

　　吴起于是闻魏文侯①贤，欲事之。文侯问李克②曰："吴起何如人哉？"李克曰："起贪③而好色，然用兵，司马穰苴④不能过也。"于是魏文侯以为将，击秦，拔⑤五城。

【注释】

① 魏文侯：名斯，魏国的建立者。曾任用李悝为相，吴起为将，西门豹为邺令，在诸侯中有贤名。
② 李克：即李悝，战国魏人，子夏的学生。曾任魏文侯相，主持变法，使魏国成为战国初期的强国。
③ 贪：贪慕荣名。
④ 司马穰苴：田氏，名穰苴，官司马，春秋时齐国大夫，有《司马穰苴兵法》传世。

⑤ 拔：攻克，夺取。

【译文】

这时，吴起听说魏文侯贤明，想去侍奉他。文侯问李克说："吴起这个人怎么样啊？"李克回答说："吴起贪恋成名而爱好女色，然而要带兵打仗，就是司马穰苴也不能超过他。"于是魏文侯就任用吴起为主将，攻打秦国，夺取了五座城池。

起之为将，与士卒最下者同衣食。卧不设席①，行不骑乘②，亲裹③赢粮，与士卒分劳苦。卒有病疽④者，起为吮之⑤。卒母闻而哭之。人曰："子卒也，而将军自吮其疽，何哭为？"母曰："非然也⑥。往年吴公吮其父，其父战不旋踵⑦，遂死于敌。吴公今又吮其子，妾不知其死所矣。是以哭之。"

【注释】

① 不设席：不铺设垫褥而卧草具。
② 骑乘：骑马乘车。
③ 裹：携带。
④ 病疽：患毒疮病。疽，大而肿胀的恶性毒疮。
⑤ 吮之：为士兵噆吸疮口的脓血。吮，噆，聚拢嘴唇吸。
⑥ 非然也：不是这么说啊。意思是说，不是为其子受宠而哭。
⑦ 不旋踵：勇往直前而不后退。旋，旋转。踵，脚跟。

【译文】

吴起做主将，与最下等的士兵同吃同住。睡觉不铺垫褥而卧草具，行军不乘车骑马，亲自背负着捆扎好的粮食，和士兵们同甘共苦。有个士兵生了恶性毒疮，吴起替他吸吮脓液。这个士兵的母亲听说后，就放声大哭。有人说："你儿子是个无名小卒，将军却亲自替他吸吮毒液，还哭什么呢？"那位母亲回答说："不是这样啊，往年吴将军替他父亲吸吮毒疮，他父亲在战场上勇往直前，就死在敌人手里。如今吴将军又给他儿子吸吮毒疮，我不知道他又会在什么时候死在什么地方。因此，我才哭他啊。"

文侯以吴起善用兵，廉平①，尽能得士心，乃以为西河②守，以拒秦、韩。

魏文侯既卒，起事其子武侯。武侯浮西河而下③，中流④，顾⑤而谓吴起曰："美哉乎山河之固，此魏国之宝也！"起对曰："在德不在险。昔三苗氏⑥左洞庭，右彭蠡⑦，德义不修，禹灭之。夏桀之居，左河济⑧，右泰华⑨，伊阙⑩在其南，羊肠⑪在其北，修政不仁，汤放⑫之。殷纣之国，左孟门⑬，右太行，常山⑭在其北，大河⑮经其南，修政不德，武王杀之。由此观之，在德不在险。若君不修德，舟中之人尽为敌国也⑯。"武侯曰："善。"

【注释】

① 廉平：廉洁不贪，待人公平。
② 西河：古代称西部地区南北流向的黄河，也就是今陕西、山西界上黄河自北南流的一段地区。
③ 浮西河而下：泛舟黄河，顺流而下。浮，泛舟。
④ 中流：半途。
⑤ 顾：回头。
⑥ 三苗氏：即有苗氏，传说是虞舜时活动在江淮一带的部族。
⑦ 彭蠡：泽名，在今江西鄱阳湖北。
⑧ 河济：黄河和济水。
⑨ 泰华：泰山和华山。
⑩ 伊阙：山名，在今河南洛阳西南。
⑪ 羊肠：即羊肠坂，太行山上的坂道，因萦绕曲折而得名。

⑫ 放：放逐。
⑬ 孟门：古隘道名，在今河南辉县西。
⑭ 常山：即恒山。
⑮ 大河：黄河。
⑯ 舟中之人尽为敌国也：同舟共济的人，也会都变成敌人。敌国，仇敌。

【译文】

魏文侯因为吴起善于用兵打仗，廉洁不贪，待人公平，完全能够得到士卒的效忠之心，就任命他担任西河地区的长官，来抗拒秦国和韩国。

魏文侯死后，吴起侍奉他的儿子魏武侯。武侯泛舟黄河顺流而下，船到半途，回过头来对吴起说："山川河泽是如此的险要、壮美，这是魏国屏障的瑰宝啊！"吴起回答说："国家政权的稳固，在于施德于民，而不在于地理形势的险要。从前三苗氏左临洞庭湖，右濒彭蠡泽，因其不修德行，被夏禹所灭。夏桀的领土，左临黄河、济水，右靠泰山、华山，伊阙山在它的南边，羊肠坂在它的北面，因为他不施仁政，所以商汤放逐了他。殷纣的国土，左边有孟门隘，右边有太行山，常山在它的北边，黄河流经它的南面，因为他不施仁德，武王把他杀了。由此看来，政权稳固在于给百姓施以恩德，不在于地理形势的险要。如果您不施恩德，同舟共济的人，也会都变成你的仇敌啊！"武侯说："讲得好。"

(即封①吴起为西河守，甚有声名。魏置相，相田文。吴起不悦，谓田文曰："请与子论功，可乎？"田文曰："可。"起曰："将三军，使士卒乐死，敌国不敢谋，子孰与②起？"文曰："不如子。"起曰："治百官，亲万民，实府库③，子孰与起？"文曰："不如子。"起曰："守西河而秦兵不敢东乡④，韩、赵宾从⑤，子孰与起？"文曰："不如子。"起曰："此三者，子皆出吾下，而位加⑥吾上，何也?"文曰:"主少国疑⑦,大臣未附,百姓不信,方是之时,属⑧之于子乎?属之于我乎?"起默然良久,曰:"属之子矣。"文曰:"此乃吾所以居子之上也。"吴起乃自知弗如田文。

【注释】

① 即封:再任。封,置署。
② 孰与:与……比,哪一个更厉害?
③ 府库:储藏之地。
④ 不敢东乡:不敢向东侵犯。乡,同"向",侵犯。
⑤ 宾从:服从、归附。
⑥ 加:任,居其位。
⑦ 主少国疑:国君年轻,国家不安定。
⑧ 属:同"嘱",委托、托付。

【译文】

吴起再任西河地区的长官,取得了很高的声望。魏国设置了相位,任命田文做相国。吴起很不高兴,对田文说:"让我们之间来比一比功劳,可以吗?"田文说:"可以。"吴起说:"统率三军,让士兵们心甘情愿地为国死战,敌国不敢图谋魏国,您和我比,谁行?"田文说:"不如您。"吴起说:"管理文武百官,让百姓亲附,理财节用,使府库的储备充实,您和我比,谁行?"田文说:"不如您。"吴起说:"驻守西河使秦国的军队不敢向东侵犯我国,韩国、赵国都服从归顺,您和我比,谁行?"田文说:"不如您。"吴起说:"这三方面您都不如我,可是您的职位却在我之上,这是为什么?"田文说:"国君年轻,国人猜疑,国家不安定,大臣不亲附,百姓不信任,正当这个时候,是把政事托付给您呢,还是应当托付给我?"吴起沉默了良久,说:"托付给您。"田文说:"这就是我的职位比您高的原因啊。"吴起这才明白在这方面不如田文。

田文既死，公叔为相，尚①魏公主，而害②吴起。公叔之仆曰："起易去③也。"公叔曰："奈何？"其仆曰："吴起为人节廉④而自喜名⑤也。君因先与武侯言曰：'夫吴起贤人也，而侯之国小，又与强秦壤界⑥，臣窃恐起之无留心也。'武侯即曰：'奈何？'君因谓武侯曰：'试延⑦以公主，起有留心则必受之，无留心则必辞矣。以此卜⑧之。'君因召吴起而与归⑨，即⑩令公主怒而轻⑪君。吴起见公主之贱⑫君也，则必辞。"于是吴起见公主之贱魏相，果辞魏武侯。武侯疑之而弗信也。吴起惧得罪⑬，遂去，即之楚。

【注释】

① 尚：娶，匹配。古代臣娶国君之女叫尚。

② 害：畏忌。

③ 去：赶走，除去。

④ 节廉：称有节操、不苟取的人。节，气节、节操。廉，本义锋利、有棱角，这里引申为正直、刚直、品行方正。

⑤ 自喜名：自好，有自高自大之意。

⑥ 壤界：接壤，国土相连。

⑦ 延：引，聘请，邀请。

⑧ 卜：判断，推断，测知。

⑨ 与归：与吴起同归相府。归，回。

⑩ 即：就在某时某处，趁机。

⑪ 轻：鄙薄，轻视。

⑫ 贱：蔑视。

⑬ 得罪：招致罪过。

【译文】

田文死后，公叔出任国相，娶了魏君的女儿，却畏忌吴起。公叔的仆人说："吴起是很容易除去的。"公叔问："有什么好办法吗？"他的仆人说："吴起为人有骨气但却自高自大。您可以先找个机会对武侯说：'吴起是个难得的贤能之才，而您的国土太小了，又和强大的秦国接壤，我暗地里担心吴起没有长期留在魏国的打算。'武侯就会说：'那可怎么办呢？'您就趁机对武侯说：'用请吴起娶魏公主的办法来试探他，如果吴起有长期留在魏国的心意，就一定会答应娶公主，如果没有长期留下来的心意，就一定会推辞。用这个办法能推断他的心志。'于是您就请吴起一道回家，趁机让公主发怒而当面侮辱您，吴起见公主这样蔑视您，他就一定不愿意娶公主了。"因此吴起见到公主如此地蔑视国相，果然婉言谢绝了魏武侯。武侯怀疑吴起，也就不再信任他了。吴起怕招来灾难，便离开魏国，立即南往楚国去了。

楚悼王素闻吴起贤，至则相楚。明法审令①，捐②不急之官③，废④公族疏远者⑤，以抚养⑥战斗之士。要⑦在强兵，破驰说⑧之言纵横者。于是南平⑨百越；北并⑩陈蔡，却⑪三晋；西伐秦。诸侯患楚之强。故楚之贵戚尽欲害吴起。及悼王死，宗室⑫大臣作乱而攻吴起，吴起走之王尸而伏⑬之。击起之徒因射刺吴起，并中⑭悼王。悼王既葬，太子立，乃使令尹尽诛射吴起而并中王尸者。坐⑮射起而夷宗⑯死者七十余家。

【注释】

① 明法：使法规明确。审令：令出必行。审，察。
② 捐：淘汰，撤掉，弃置。
③ 不急之官：冗员，庸官。
④ 废：停止、废除俸禄。
⑤ 公族疏远者：远房的支系贵族。
⑥ 抚养：厚待。

⑦ 要：致力于，目的是。

⑧ 破：破除，解除。驰说：辩士的游说。

⑨ 平：扫平。

⑩ 并：吞并。

⑪ 却：打退。

⑫ 宗室：同一祖宗的贵族。

⑬ 伏：趴。

⑭ 中：射中。

⑮ 坐：因犯……罪。

⑯ 夷宗：灭族。夷，平，灭。

【译文】

楚悼王平日就听说吴起的贤名，因此刚到楚国就任命吴起为国相。吴起在楚国，使法令详明、信赏必罚，淘汰并裁减无关紧要的人员，省去远房贵族的俸禄，用以厚待战士、抚慰军属。致力于加强军事力量，破除往来奔走辩士的游说之辞。楚国向南扫平了百越；向北吞并了陈国和蔡国，打退了韩、赵、魏三国的进攻；向西又讨伐秦国。诸侯各国对楚国的强大感到忧虑。以往被吴起停止供给的疏远王族都想谋害吴起。等悼公一死，王室大臣发动骚乱，攻打吴起，吴起逃到楚王停尸的地方，趴在悼王的尸体上。攻打吴起的那些人趁机用箭射吴起，同时也射中了悼王的尸体。等把悼王安葬停当后，太子即位，就让令尹把射杀吴起同时射中悼王尸体的人，全部处死。由于射杀吴起而被灭族的有七十多家。

太史公曰：世俗所称①师旅②，皆道《孙子》十三篇，吴起《兵法》，世多有，故弗论，论其行事所施设③者。语曰④："能行之者未必能言，能言之者未必能行。"孙子筹策⑤庞涓明矣，然不能蚤⑥救患于被刑。吴起说武侯以形势不如德，然行之于楚，以刻暴少恩亡⑦其躯。悲夫!

【注释】

① 称：称道，赞誉。
② 师旅：古代军队的编制，二千五百人为师，五百人为旅，因以师旅作为军队的通称。此处泛指军事。
③ 施设：施行、安排。
④ 语曰：常言道，俗话说。
⑤ 筹策：筹谋策划。
⑥ 蚤：通"早"，预先。
⑦ 刻暴少恩：严峻冷酷。刻，刻薄。少恩，少施恩惠。亡：葬送。

【译文】

　　太史公说：社会上所盛道军事的得失，无不称道《孙子》十三篇、吴起《兵法》，这两部书，广为流传，所以我没有论述的必要，只评论他们生平行事所涉及的情况。俗话说："能做到的未必能说好，能说好的未必能做到。"孙膑算计庞涓的军事行动是英明的，但是他自己却不能预先避免刖足的酷刑。吴起向魏武侯讲述凭借地理形势的险要，不如给人民施以恩德的道理，然而一到楚国执政却因为刻薄、暴戾、少恩葬送了自己的性命。可叹啊!

伍子胥列传(节选)

　　伍子胥者,楚人也,名员。员父曰伍奢。员兄曰伍尚。其先①曰伍举,以直谏②事③楚庄王,有显④,故其后世有名于楚。

【注释】
① 先:祖先。
② 直谏:直言规劝。
③ 事:侍奉,供奉。
④ 显:显贵。

【译文】
　　伍子胥,楚国人,名员。伍员的父亲叫伍奢。伍员的哥哥叫伍尚。他的先人有个叫伍举,因为侍奉楚庄王时刚直谏诤而显贵,所以他的后代子孙在楚国很有名气。

　　楚平王有太子名曰建,使伍奢为太傅①,费无忌为少傅。无忌不忠于太子建。平王使无忌为太子取②妇于秦,秦女好③,无忌驰归报平王曰:"秦女绝美,王可自取,而更④为太子取妇。"平王遂自取秦女而绝爱幸⑤之,生子轸。更为太子取妇。

【注释】
① 太傅:帝王、诸侯之子的老师。
② 取:同"娶"。
③ 好:绝美。

④ 更：改，另外。

⑤ 幸：宠爱。

【译文】

楚平王的太子名叫建，楚平王派伍奢做他的太傅，费无忌做他的少傅。费无忌对太子建不忠心。平王派无忌到秦国为太子建娶亲。因为秦女长得姣美，无忌就急忙赶回来报告平王说："秦国的女子是个绝代美女，大王可以自己娶了她，另外再给太子娶个媳妇。"于是楚平王就自己娶了秦女，极度地宠爱她，生了个儿子叫轸，另外给太子建娶了个媳妇。

无忌既以秦女自媚①于平王，因去②太子而事平王。恐一旦平王卒而太子立，杀己，乃因谗③太子建。建母，蔡女也，无宠于平王。平王稍④益疏⑤建，使建守城父，备⑥边兵。

【注释】

① 媚：逢迎取悦。

② 去：离开。

③ 谗：说别人的坏话。

④ 稍：逐渐地，慢慢地。

⑤ 疏：疏远，不亲近。

⑥ 备：守备。

【译文】

费无忌用秦国美女取悦楚平王以后，就趁机离开了太子而去侍奉平王。又担心有一天平王死了，太子建继位杀了自己，竟因此诋毁太子建。太子建的母亲是蔡国人，楚平王不宠爱她。平王也越来越疏远太子建，派太子建驻守城父，防守边疆。

顷之，无忌又日夜言太子短①于王曰："太子以秦女之故，不能无怨望②，愿王少自备③也。自太子居城父，将兵，外交诸侯，且欲入为乱矣。"平王乃召其太傅伍奢考问④之。伍奢知无忌谗太子于平王，因曰："王独⑤奈何以谗贼⑥小臣疏骨肉之亲乎？"无忌曰："王今不制，其事成矣。王且见禽⑦。"于是平王怒，囚伍奢，而使城父司马奋扬往杀太子。行未至，奋扬使人先告太子："太子急去，不然将诛。"太子建亡⑧奔宋。

【注释】

① 短：缺点，过失。
② 望：埋怨，怨恨，责怪。
③ 备：防备。
④ 考问：审问。
⑤ 独：岂，难道。
⑥ 贼：败坏，伤害。
⑦ 见禽：被擒。禽，同"擒"，捕捉。
⑧ 亡：逃离，出走。

【译文】

不久，无忌又整天在平王面前说太子建的坏话，他说："太子因为秦女的原因，不会没有怨恨情绪，希望大王自己稍微防备着点。自从太子驻守城父以后，统率着军队，对外和诸侯交好，将打算进入都城作乱了。"楚平王就把太子的太傅伍奢召回来审问。伍奢知道无忌在平王面前说了太子的坏话，因此说："大王怎么能仅仅凭拨弄是非的小人之臣的坏话，就疏远骨肉至亲呢？"无忌说："大王现在不制止，他们的阴谋就要得逞，大王将要被逮捕了！"于是平王发怒，把伍奢囚禁起来，同时命令城父司马奋扬去杀太子建。还没走到，奋扬派人提前告诉太子："太子赶快离开，要不然，将被杀死。"于是太子建逃到宋国去了。

　　无忌言于平王曰："伍奢有二子，皆贤，不诛且为楚忧。可以其父质①而召之，不然且为楚患。"王使使谓伍奢曰："能致②汝二子则生，不能则死。"伍奢曰："尚为人仁，呼必来。员为人刚戾忍訽③，能成大事，彼见来之并禽④，其势必不来。"王不听，使人召二子曰："来，吾生汝父；不来，今杀奢也。"伍尚欲往，员曰："楚之召我兄弟，非欲以生我父也，恐有脱者后生患，故以父为质，诈召二子。二子到，则父子俱死。何益父之死？往而令仇不得报耳。不如奔他国，借力以雪⑤父之耻，俱灭，无为⑥也。"伍尚曰："我知往终不能全⑦父命。然恨父召我以求生而不往，后不能雪耻，终为天下笑耳。"谓员："可去矣！汝能报杀父之仇，我将归⑧死。"尚既就执⑨，使者捕伍胥。伍胥贯弓⑩执矢向使者，使者不敢进，伍胥遂亡。闻太子建之在宋，往从之。奢闻子胥之亡也，曰："楚国君臣且苦兵⑪矣。"伍尚至楚，楚并杀奢与尚也。

【注释】

① 质：抵押，作人质。

② 致：招引，招致。

③ 刚戾忍訽：刚强能忍受耻辱。戾，凶暴，猛烈，暴戾。訽，耻辱。

④ 禽：通"擒"，捕捉。

⑤ 雪：洗刷。

⑥ 无为：没有意义。

⑦ 全：保全。

⑧ 归：死。

⑨ 执：捉拿，拘捕。

109

⑩ 贯弓：弯弓，拉满弓。贯，通"弯"。

⑪ 苦兵：苦于战争。

【译文】

无忌对平王说："伍奢有两个儿子，都有才能，不杀掉他们将来会成为楚国的祸害。可以用他们的父亲作人质，把他们召来，不然将成为楚国的后患。"平王就派使臣对伍奢说："把你两个儿子叫来，你就能活命，不然，就处死你。"伍奢说："伍尚为人宽厚仁慈，叫他，一定能来；伍员桀骜不驯，忍辱负重，能成就大事，他知道来了一起被擒，一定不会来。"平王不听，派人召伍奢两个儿子，说："来，就不杀你们的父亲；不来，现在就杀死伍奢。"伍尚打算前往，伍员说："楚王召我们兄弟，并不打算让我们的父亲活命，担心我们逃跑，产生后患，所以，用父亲作人质，欺骗我们。我们一到，就要和父亲一起被处死。对父亲的死又有什么好处呢？去了就报不了仇了。不如逃到别的国家去，借助别国的力量洗雪父亲的耻辱。一起去死，没有任何意义呀。"伍尚说："我知道去了最后也不能保全父亲的性命。可是只恨父亲召我们是为了求得生存，要不去，后来又不能洗雪耻辱，终会被天下人耻笑。"对伍员说："你可以逃走，你能报杀父之仇，我将要去死。"伍尚被逮捕后，使臣又要逮捕伍子胥，伍子胥拉满了弓箭对准使者，使者不敢上前，伍子胥就逃跑了。他听说太子建在宋国，就前去追随他。伍奢听说子胥逃跑了，说："楚国君臣将要苦于战火了。"伍尚来到楚都，楚平王就把伍尚和伍奢一起杀了。

伍胥既至宋，宋有华氏之乱，乃与太子建俱奔于郑。郑人甚善之。太子建又适①晋，晋顷公曰："太子既善郑，郑信太子。太子能为我内应，而我攻其外，灭郑必矣。灭郑而封太子。"太子乃还郑。事未会②，会自私③欲杀其从者，从者知其谋，乃告之于郑。郑定公与子产诛杀太子建。建有子名胜。伍胥惧，乃与胜俱奔吴。到昭关，昭关欲执之。伍胥遂与胜独身步走，几不得脱。追者在后。至江，江上有一渔父乘船，知伍胥之急，乃渡伍胥。伍胥既渡，解其剑曰："此剑直④百金，以与父。"父曰："楚国之法⑤，得伍胥者赐粟五万石，爵执珪⑥，岂徒百金剑邪！"不受。伍胥未至吴而疾，止中道，乞食。至于吴，吴王僚方用事⑦，公子光为将。伍胥乃因⑧公子光以求见吴王。

【注释】

① 适：往、到。
② 未会：时机不成熟。会，时机，机会。
③ 会：适逢，恰巧。自私：个人私事。
④ 直：同"值"，价值。
⑤ 法：法令，规章。此指捉拿伍子胥的悬赏规定。
⑥ 爵执珪：封给执珪爵位。爵，授予官爵。珪，古玉器名，长条形，上端作三角形，下端正方，中国古代贵族朝聘、祭祀、丧葬时用来做礼器，依其大小，以别尊卑。
⑦ 用事：执政，当权。
⑧ 因：经由，通过。

【译文】

　　伍子胥到宋国以后，正好遇上宋国华氏作乱，就和太子建一同逃到郑国去。郑国君臣对他们很友好。太子建又前往晋国，晋顷公说："太子既然与郑国关系友好，郑国信任太子。太子要能给我们做内应，我们从外面进攻，一定能灭掉郑国。灭掉郑国，就把它分封给太子。"太子于是回到郑国。举事的时机还没成熟，正赶上太子因为个人私事打算杀掉一个跟随他的人，这个人知道太子的计划，就把它告诉郑国。郑定公和子产杀死了太子建。建有个儿子叫胜。伍子胥害怕了，就和胜一同逃奔吴国。到了昭关，昭关的官兵要捉拿他们。伍子胥就和胜各自只身徒步逃跑，差一点不能脱身。追兵在后。到江边，江上有一个渔翁乘着船，知伍子胥很危急，就渡伍子胥过江。伍子胥过江后，解下随身带的宝剑说："这把剑价值百金，把它送给您老人家。"渔翁说："按照楚国的法令，抓到伍子胥的人，赏赐粮食五万石，授予执珪的爵位，难道我在乎这价值百金的宝剑吗？"不肯接受。伍子胥还没逃到吴国，就得了病，在中途停下来，沿途讨饭吃。到达吴都，吴王僚刚刚当权执政，公子光做将军。伍子胥就通过公子光的关系求见吴王。

久之，楚平王以其边邑钟离与吴边邑卑梁氏俱蚕①，两女子争桑相攻，乃大怒，至于两国举兵相伐。吴使公子光伐楚，拔②其钟离、居巢而归。伍子胥说吴王僚曰："楚可破也，愿复遣公子光。"公子光谓吴王曰："彼伍胥父兄为戮③于楚，而劝王伐楚者，欲以自报其仇耳。伐楚，未可破也。"伍胥知公子光有内志④，欲杀王而自立，未可说以外事，乃进⑤专诸于公子光，退而与太子建之子胜耕于野。

【注释】

① 蚕：养蚕。
② 拔：攻克，夺取。
③ 为戮：被杀。戮，斩，杀。
④ 内志：内心有远大的打算，指公子光有从吴王僚手中夺取吴国政权的打算。
⑤ 进：推举，推荐。

【译文】

过了很久，因为楚国边邑钟离和吴国边邑卑梁氏都养蚕，两地的女子为争采桑叶相互厮打，楚平王就大发雷霆，以至于楚吴两国起兵相互攻打。吴国派公子光攻打楚国，攻克了楚国的钟离、居巢就回去了。伍子胥劝说吴王僚道："楚国是可以打败的，希望再派公子光去。"公子光对吴王说："伍子胥的父兄被楚国杀死，他劝大王攻打楚国，是为了报他的私仇。攻打楚国未必可以打败它呀。"伍子胥知道公子光在国内有野心，想杀死吴王僚而自立为君，不可以用对外的军事行动劝说他，就向公子光推荐了专诸，离开朝廷，和太子建的儿子胜到乡下种地去了。

五年而楚平王卒。初，平王所夺太子建秦女生子轸，及平王卒，轸竟立为后，是为昭王。吴王僚因楚丧，使二公子①将兵往袭楚。楚发兵绝吴兵之后②，不得归。吴国内空③，而公子光乃令专诸袭刺吴王僚而自立，是为吴王阖庐。阖庐既立，得志，乃召伍员以为行人④，而与谋国事。

【注释】

① 二公子：公子光的同母弟弟烛庸和盖余。
② 后：退路。
③ 内空：国内空虚。
④ 行人：官名，掌管外交事宜。

【译文】

过了五年，楚平王死了。当初，平王从太子建那儿夺来的秦国美女生了一个儿子叫轸，等平王一死，轸竟然继平王即位，这就是昭王。吴王僚趁着楚国办丧事，派二位公子领兵袭击楚国。楚国出兵切断了吴国军队的后路，使吴军不能回国。吴国国内空虚，公子光就派专诸暗杀了吴王僚，自立为王，这就是吴王阖庐。阖庐自立以后，愿望实现了，就召回伍员，任命他为行人，和他共同策划国事。

楚诛其大臣郤宛、伯州犁，伯州犁之孙伯嚭亡奔吴，吴亦以嚭为大夫。前王僚所遣二公子将兵伐楚者，道绝不得归。后闻阖庐弑①王僚自立，遂以其兵降楚，楚封之于舒。阖庐立三年，乃兴师②与伍胥、伯嚭伐楚，拔舒，遂禽故吴反③二将军。因欲至郢④，将军孙武曰："民劳，未可，且待之。"乃归。

【注释】

① 弑：古代统治阶级称子杀父、臣杀君。

② 兴师：调动军队打仗。兴，派遣，发动。

③ 反：反叛，造反。

④ 郢：春秋战国时楚国都城，在今湖北江陵。

【译文】

楚国杀了它的大臣郤宛、伯州犁，伯州犁的孙子伯嚭逃到吴国，吴王也任用伯嚭做了大夫。先前，吴王僚派遣攻打楚国的两位公子，后路被切断不能回国。后来听说阖庐杀死吴王僚自立为王的消息，于是带领着军队，投降了楚国，楚国把舒地封给了他们。阖庐自立为王的第三年，就和伍子胥、伯嚭发动军队攻打楚国，占领了舒地，捉住了原来背叛吴国的两个将军。因而阖庐想乘胜进兵郢都，将军孙武说："百姓太疲惫了，不可以，暂且等待吧。"吴王于是收兵回国了。

四年①，吴伐楚，取六与灊②。五年，伐越，败之。六年，楚昭王使公子囊瓦将兵伐吴。吴使伍员迎击，大破楚军于豫章，取楚之居巢。

【注释】

① 四年：阖庐四年，即公元前511年。

② 六：古国名，皋陶后代所封，在今安徽六安北。灊：古地名，在

今安徽霍山东北。

【译文】

　　阖庐四年，吴国攻打楚国，夺取了六地和灊地。阖庐五年，吴国攻打越国，并打败了它。阖庐六年，楚昭王派公子囊瓦领兵攻打吴国。吴国派伍子胥迎战，在豫章打败了楚国的军队，夺取了楚国的居巢。

　　九年，吴王阖庐谓子胥、孙武曰："始子言郢未可入，今果何如？"二子对曰："楚将囊瓦贪，而唐、蔡皆怨之。王必欲大伐之，必先得唐、蔡乃可。"阖庐听之，悉兴师与唐、蔡伐楚，与楚夹汉水而陈①。吴王之弟夫概将兵请从，王不听，遂以其属五千人击楚将子常。子常败走，奔郑。于是吴乘胜而前，五战，遂至郢。己卯②，楚昭王出奔。庚辰③，吴王入郢。

【注释】

① 陈：同"阵"，排列成阵。
② 己卯：古时以天干地支记年月日，这里指十一月的己卯日。
③ 庚辰：己卯日的第二天。

【译文】

　　阖庐九年，吴王阖庐对伍子胥、孙武说："当初你们说郢都不可以攻入，现在的情形怎么样呢？"子胥、孙武回答说："楚国将军囊瓦贪财，唐国和蔡国都怨恨他。大王一定要大规模地进攻楚国，必须先要得到唐国和蔡国的帮助才行。"阖庐听从了他们的意见，出动了全部军队和唐国、蔡国共同攻打楚国，与楚国军队在汉水岸边列兵对阵。吴王的弟弟夫概带领着军队请求相随出征，吴王不答应，夫概就用自己属下五千人攻击楚将子常。子常战败逃跑，直奔郑国。于是，吴军乘胜挺进，经过五次战役，就打到了郢都。己卯日，楚昭王出逃。第二天，吴王进入郢都。

昭王出亡，入云梦；盗击王，王走①郧。郧公弟怀曰："平王杀我父，我杀其子，不亦可乎！"郧公恐其弟杀王，与王奔随。吴兵围随，谓随人曰："周之子孙在汉川者，楚尽灭之。"随人欲杀王，王子綦匿王，已自为王以当之。随人卜②与王于吴，不吉，乃谢吴不与王。

【注释】

① 走：跑，向。
② 卜：占卜。古人根据龟甲被烧后的裂纹来预测凶吉的一种迷信活动。

【译文】

楚昭王出逃，进入云楚大泽；遭到强盗的袭击，昭王又逃到郧地。郧公的弟弟怀说："平王杀死了我们的父亲，我们杀死他的儿子，不也很好吗？"郧公担心他的弟弟杀死昭王，就和昭王一起逃到随地。吴兵包围了随地，对随地人说："在汉水流域的周朝子孙，都被楚国消灭了。"随人要杀昭王，王子綦把他藏起来，自己冒充昭王来搪塞他们。随人算了一卦，卦象表明把昭王交给吴军，不吉利，就谢绝吴国，没有交出昭王。

始伍员与申包胥为交，员之亡也，谓包胥曰："我必覆①楚。"包胥曰："我必存之。"及吴兵入郢，伍子胥求②昭王。既不得，乃掘楚平王墓，出其尸，鞭之三百，然后已③。申包胥亡于山中，使人谓子胥曰："子之报雠，其以④甚乎！吾闻之，人众者胜天，天定亦能破人。今子故平王之臣，亲北面而事之，今至于僇⑤死人，此岂其无天道之极乎！"伍子胥曰："为我谢申包胥曰，吾日莫⑥途远，吾故倒行而逆施之。"于是申包胥走秦告急，求救于秦。秦不许。包胥立于秦廷，昼夜哭，七日七夜不绝其声。秦哀公怜之，曰："楚虽无道，有臣若是，可无存乎！"乃遣车五百乘⑦救楚击吴。六月，败吴兵于稷。会吴王久留楚求昭王，而阖庐弟夫概乃亡归，自立为王。阖庐闻之，乃释楚而归，击其弟夫概。夫概败走，遂奔楚。楚昭王见吴有内乱，乃复入郢。封夫概于堂溪，为堂溪氏。楚复与吴战，败吴，吴王乃归。

【注释】

① 覆：翻转，倾覆，毁灭。

② 求：寻找，搜寻。

③ 已：停止。

④ 以：通"已"，已经。

⑤ 僇：侮辱。

⑥ 莫：同"暮"，日落的时候。

⑦ 乘：古代称兵车，四马一车为一乘。

【译文】

　　当初，伍子胥和申包胥是至交的朋友，伍子胥逃跑时，对包胥说："我一定要颠覆楚国。"包胥说："我一定要保存楚国。"等到吴兵攻进郢都，伍子胥搜寻楚昭王，没有找到，就挖开楚平王的坟，拖出他的尸体，鞭打了三百下才停手。申包胥逃到山里，派人去对伍子胥说："您这样报仇，太过分了！我听说：'人多可以胜天，天公降怒也能毁灭人。'您原来是平王的臣子，称臣侍奉过他，如今弄到侮辱死人的地步，这难道不是伤天害理到了极点吗！"伍子胥对来人说："你替我告诉申包胥说：太阳就要落山了，但路途还很遥远。所以，我要逆情背理地行动。"于是申包胥跑到秦国去报告危急情况，向秦国求救，秦国不答应。申包胥站在秦国的朝廷上，日夜不停地痛哭，他的哭声七天七夜没有中断。秦哀公同情他，说："楚王虽然是无道昏君，有这样的臣子，能不保存楚国吗？"就派遣了五百辆战车前去营救楚国，攻打吴国。六月，在稷地打败吴国的军队。正赶上吴王长时间地留在楚国寻找楚昭王，阖庐的弟弟夫概趁机逃回国内，自立为王。阖庐听到这个消息，就舍弃楚国赶回去，攻打他的弟弟夫概。夫概兵败，就跑到楚国。楚昭王见吴国内部发生变乱，又打回郢都，把堂溪封给夫概，叫作堂溪氏。楚国再次和吴军作战，打败吴军，吴王只好回国了。

后二岁，阖庐使太子夫差将兵伐楚，取番。楚惧吴复大来，乃去郢，徙于鄀。当是时，吴以伍子胥、孙武之谋，西破强楚，北威齐、晋，南服越人。

其后四年，孔子相鲁。

后五年，伐越。越王勾践迎击，败吴于姑苏，伤阖庐指①，军却②。阖庐病创③将死，谓太子夫差曰："尔忘勾践杀尔父乎？"夫差对曰："不敢忘。"是夕，阖庐死。夫差既立为王，以伯嚭为太宰，习战射。二年后伐越，败越于夫湫④。越王勾践乃以余兵五千人栖⑤于会稽之上，使大夫种厚币遗⑥吴太宰嚭以请和，求委⑦国为臣妾。吴王将许之。伍子胥谏曰："越王为人能辛苦。今王不灭，后必悔之。"吴王不听，用太宰嚭计，与越平⑧。

【注释】

① 指：手指，也指脚趾，此处即指脚趾。

② 却：退却，撤军。

③ 创：创伤，伤口。

④ 夫湫：又作夫椒。

⑤ 栖：居住，寄居。

⑥ 厚币：贵重礼物。币，原指用作礼物的丝织品，泛指用作礼物的玉、马、皮、帛等。遗：贿赂收买。

⑦ 委：委托。

⑧ 平：讲和，媾和。

【译文】

又过了两年，阖庐派太子夫差领兵攻打楚国，攻下了番地。楚国害怕吴国军队再次大规模地攻来，就离开郢城，迁都鄀邑。在这个时候，吴国用伍子胥、孙武的战略，向西打败了强大的楚国，向北威震齐国、晋国，向南降服了越国。

夫差攻取楚国番地以后的第四年，孔子出任鲁国国相。

又过了五年，吴军攻打越国。越王勾践率兵迎战，在姑苏打败吴军，击伤了吴王阖庐的脚趾，吴军退却。阖庐受伤很严重，快要死的时候对太子夫差说："你能忘掉勾践杀了你父亲吗？"夫差回答说："不敢忘记。"当天晚上，阖庐就死了。夫差继位吴王以后，任用伯嚭做太宰，操练士兵。两年后攻打越国，在夫湫打败越国的军队，越王勾践带领残兵败将五千余人退守在会稽山上，派大夫文种用重礼贿赂太宰伯嚭请求媾和，把国家政权托付给吴国，甘心做吴国的奴仆。吴王将要答应越国的请求。伍子胥规劝说："越王勾践能忍受辛苦发愤图强。如今，大王要不一举歼灭他，今后一定会后悔的。"吴王不听伍子胥的规劝，而采纳了太宰伯嚭的计策与越国议和。

其后五年，而吴王闻齐景公死而大臣争宠，新君弱，乃兴师北伐齐。伍子胥谏曰："勾践食不重味①，吊死问疾②，且欲有所用之也。此人不死，必为吴患。今吴之有越，犹人之有腹心疾也。而王不先越而乃务③齐，不亦谬乎！"吴王不听，伐齐，大败齐师于艾陵，遂威邹鲁之君以归。益疏子胥之谋。

【注释】

① 食不重味：用餐时不吃两道荤菜。
② 吊死问疾：悼念死者，慰问有病的。

③ 务：致力，从事，谋求。

【译文】

和越国议和以后的第五年，吴王听说齐景公死了，大臣们争权夺力，新立的国君软弱，就出动军队向北攻打齐国。伍子胥规劝说："勾践饮食简朴，哀悼死去的、慰问有病的，将打算有所图谋。这个人不死，一定是吴国的祸患。现在吴国有越国在身边，就像得了心腹疾病。大王不先铲除越国却一心致力于攻打齐国，不是很荒谬吗？"吴王不听伍子胥的规劝，攻打齐国。在艾陵把齐国军队打得大败，于是慑服了邹国和鲁国的国君而回国。从此，吴王就越来越少地听从伍子胥的计谋了。

其后四年，吴王将北伐齐，越王勾践用子贡之谋，乃率其众以助吴，而重宝以献遗太宰嚭。太宰嚭既数受越赂，其爱信越殊甚，日夜为言于吴王。吴王信用嚭之计。伍子胥谏曰："夫越，腹心之病，今信其浮辞①诈伪而贪齐。破齐，譬犹石田，无所用之。且《盘庚之诰》②曰：'有颠越不恭③，劓殄④灭之，俾无遗育⑤，无使易⑥种于兹邑。'此商之所以兴。愿王释齐而先越；若不然，后将悔之无及。"而吴王不听，使子胥于齐。子胥临行，谓其子曰："吾数谏王，王不用，吾今见吴之亡矣。汝与吴俱亡，无益也。"乃属⑦其子于齐鲍牧，而还报吴。

【注释】

① 浮辞：虚饰浮夸之词。
② 《盘庚之诰》：殷商中兴之君盘庚的文告。诰，告诫之文，帝王任命或封赠的文书。
③ 有颠越不恭：破坏礼法，不恭上命。颠越，破坏礼法。
④ 劓：割除。殄：断绝，灭绝。

⑤ 俾：使。遗育：传宗接代。
⑥ 易：蔓延，传播。
⑦ 属：同"嘱"，嘱托，托付。

【译文】

　　此后四年，吴王将要北上攻打齐国，越王勾践采用子贡的计谋，就带领着他的人马帮助吴国作战，用贵重的宝物敬献贿赂太宰伯嚭。太宰伯嚭已经多次接受了越国的贿赂，就特别地喜欢并信任越国，整天地在吴王面前替越国说好话。吴王总是相信和采纳太宰伯嚭的计谋。伍子胥规劝吴王说："越国，是心腹大患，大王现在却相信那虚饰、浮夸、狡诈、虚伪的言辞，贪图齐国。攻克齐国，好比占领了一块石田，丝毫没有用处。况且《盘庚之诰》上说：'有破坏礼法，不恭王命的就要彻底割除灭绝他们，使他们不能够传宗接代，不要让他们在这个城邑里把好人影响坏了。'这就是商朝兴盛的原因。希望大王放弃齐国，先攻打越国；如不这样，今后悔恨也来不及了。"吴王不听伍子胥的劝告，却派他出使齐国。子胥临行，对他的儿子说："我屡次规劝大王，大王不听。我现在看到吴国的末日了，你和吴国一起灭亡，没有什么好处。"就把他的儿子托付给齐国的鲍牧，而返回吴国向吴王报告。

　　吴太宰嚭既与子胥有隙①，因谗曰："子胥为人刚暴，少恩，猜贼②，其怨望恐为深祸也。前日王欲伐齐，子胥以为不可，王卒伐之而有大功。子胥耻其计谋不用，乃反怨望。而今王又复伐齐，子胥专愎③强谏，沮毁④用事，徒幸⑤吴之败以自胜其计谋耳。今王自行，悉⑥国中武力以伐齐，而子胥谏不用，因辍谢⑦，详⑧病不行。王不可不备，此起祸不难。且嚭使人微伺⑨之，其使于齐也，乃属其子于齐之鲍氏。夫为人臣，内不得意，外倚诸侯，自以为先王之谋臣，今不见用，常鞅鞅⑩怨望。愿王早图之。"吴王曰："微⑪子之言，吾亦疑之。"乃使使赐伍子胥属镂之剑，曰:"子以此死。"伍子胥仰天叹曰:"嗟乎!谗臣为乱矣,王乃反诛我。我令若父霸。自若未立时,诸公子争立,我以死争之于先王,几不得立。若既得立,欲分吴国予我,我顾不敢望也。然今若听谀臣言以杀长者!"乃告其舍人⑫曰:"必树⑬吾墓上以梓,令可以为器⑭;而抉吾眼县⑮吴东门之上,以观越寇之入灭吴也。"乃自刭死。吴王闻之大怒,乃取子胥尸盛以鸱夷⑯革,浮之江中。吴人怜之,为立祠于江上⑰,因命曰胥山。

【注释】

① 隙:指感情上的裂痕、隔阂。

② 猜贼:猜忌狠毒。贼,残害,伤害。

③ 专愎:刚愎,独断固执。愎,任性、固执。

④ 沮:败坏,毁坏。毁:毁谤、诋毁。

⑤ 徒幸:只希望。

⑥ 悉:详尽。

⑦ 辍谢:托词而中止工作。

⑧ 详:通"佯",假装。

⑨ 微伺:暗中探察。伺,侦候,探察。

⑩ 鞅鞅:通"怏怏",因不满而郁郁不乐。

⑪ 微:无,非。

⑫ 舍人:亲近的门客。

⑬ 树:种植。

⑭ 器:指棺材。

⑮ 抉:挑出,挖出。县:同"悬",悬挂。

⑯ 鸱夷:皮制的口袋,亦用以盛酒。

⑰ 江上:江边,江畔。

【译文】

吴国太宰伯嚭和伍子胥产生矛盾以后,就趁机在吴王面前说他的坏话:"伍子胥为人强硬凶恶,没有情义,猜忌狠毒,他的怨恨恐怕要酿成深重的灾难。前次大王要攻打齐国,伍子胥认为不可以,大王终于发兵并且取得了重大的胜利。伍子胥因自己计谋没被采用感到羞耻,反而产生了怨恨情绪。如今大王又要再次攻打齐国,伍子胥又独断固执,强行谏阻,败坏、诋毁大王的事业,只希望吴国战败来证明自己的计谋高明。现在大王亲自出征,出动全国的武装力量攻打齐国,而伍子胥的劝谏不被采纳,因此就中止上朝,假装有病不随大王出征。大王不可不戒备,这是很容易引起祸端的。况且我派人暗中探查,他出使齐国,就把自己的儿子托付给齐国的鲍氏。做人臣子,在国内不得意,就在外依靠诸侯,自己认为是先王的谋臣,现在不被信用,时常郁郁不乐、产生怨恨情绪。希望大王早早打算对付这件事。"吴王说:"没有你这番话,我也怀疑他了。"就派使臣把属镂宝剑赐给伍子胥,说:"你用这把宝剑自杀。"伍子胥仰望天空叹息说:"唉!谗言小人伯嚭要作乱,大王反来杀我。我使你父亲称霸。你还没确定为王位继承人时,公子们争着立为太子,若不是我在先王面前冒死相争,你几乎不能成为太子。你立为太子后,还打算把吴国分一部分给我,我却不存让你报答的愿望。可现在你竟听信谄媚小人的坏话来杀害长辈。"于是告诉他亲近的门客说:"你们一定要在我的坟墓上种植梓树,让它长大能够做棺材。挖出我的眼珠悬挂在吴国都城的东门楼上,来观看越寇怎样进入都城,灭掉吴国的。"于是自刎而死。吴王听到这番话,大发雷霆,就把伍子胥的尸体装进皮革袋子里,漂浮在江中。吴国人同情他,在江边给他修建了祠堂,因此,把这个地方命名为胥山。

吴王既诛伍子胥,遂伐齐。齐鲍氏杀其君悼公而立阳生。吴王欲讨其贼,不胜而去。其后二年,吴王召鲁卫之君会之橐皋。

其明年，因北大会诸侯于黄池，以令周室。越王勾践袭杀吴太子，破吴兵。吴王闻之，乃归，使使厚币与越平。后九年，越王勾践遂灭吴，杀王夫差；而诛太宰嚭，以不忠于其君，而外受重赂，与己比周①也。

【注释】

① 比周：勾结。比，勾结，偏爱。周，和人团结。

【译文】

吴王杀了伍子胥后，就攻打齐国。齐国鲍氏杀了他们的国君悼公，辅佐阳生做国君。吴王打算讨伐鲍氏，可是，没有取得胜利，就撤兵回去了。此后二年，吴王召集鲁国、卫国的国君在橐皋会盟。第二年，就势北上，在黄池大会诸侯，号令周天子。这时，越王勾践袭击吴国，杀死吴太子，打败吴国军队。吴王听到这个消息，就回国了，派出使者用丰厚贵重的礼物和越国媾和。过后九年，越王勾践终于灭掉吴国，杀死吴王夫差，又杀了太宰伯嚭，因为他不忠于他的国君，接受外国的贵重贿赂，结党营私。

太史公曰：怨毒①之于人甚矣哉！王者尚不能行之于臣下，况同列②乎！向令③伍子胥从奢俱死，何异蝼蚁④。弃小义，雪大耻，名垂于后世，悲夫！方子胥窘⑤于江上，道乞食，志岂尝须臾忘郢邪？故隐忍⑥就功名，非烈⑦丈夫孰能致此哉？白公如不自立为君者，其功谋亦不可胜道者哉！

【注释】

① 怨毒：怨恨，仇恨。
② 同列：地位相类的人。
③ 向令：假使。

④ 蝼蚁：蝼蛄和蚂蚁。比喻力量微小或地位低微的人。

⑤ 窘：生活或处境困迫。

⑥ 隐忍：将事情藏在内心，强力克制忍耐。

⑦ 烈：刚直，坚贞。

【译文】

太史公说：怨毒对于人类来说实在是太厉害了！国君尚且不能和臣子结下怨毒，何况地位相同的人呢！假使伍子胥追随他的父亲伍奢一起死去，和蝼蚁又有什么区别。放弃小义，洗雪重大的耻辱，让名声流传后世，可悲啊！当伍子胥在江边困窘危急的时候，沿途乞讨，他的心志何曾有片刻忘掉郢都的仇恨啊？所以，克制忍耐，成就功名，不是刚正有气节的男子，谁能达到这种地步呢！白公如果不自立为王，他的功业和谋略恐怕是说也说不完啊！

廉颇蔺相如列传(节选)

廉颇者,赵之良将也。赵惠文王十六年①,廉颇为赵将,伐齐,大破之,取阳晋②,拜③为上卿④,以勇气闻于诸侯。蔺相如者,赵人也,为赵宦者令⑤缪贤舍人⑥。

【注释】

① 赵惠文王十六年:即公元前283年。
② 阳晋:齐邑,在今山东郓城西。
③ 拜:授予官职,任命。
④ 上卿:爵位名,仅次于国相的大臣。
⑤ 宦者令:宫中宦官的首领。
⑥ 舍人:较亲近的门客。

【译文】

廉颇是赵国优秀的将领。赵惠文王十六年,时为赵国将军的廉颇率领赵军征讨齐国,大败齐军,夺取了阳晋,晋升为上卿,从此他以英勇善战闻名于诸侯各国。蔺相如,赵国人,是赵国的宦官首领缪贤家的门客。

赵惠文王时,得楚和氏璧①。秦昭王闻之,使人遗②赵王书,愿以十五城请易③璧。赵王与大将军廉颇诸大臣谋:欲予秦,秦城恐不可得,徒见欺④;欲勿予,即患⑤秦兵之来。计未定,求人可使报秦者,未得。宦者令缪贤曰:"臣舍人蔺相如可使。"王问:"何以知之?"对曰:"臣尝⑥有罪,窃计欲亡走⑦燕,臣舍人相如止臣，曰：'君何以⑧知燕王？'臣语曰：'臣尝从大王与燕王会境⑨上，燕王私握臣手，曰"愿结友"。以此知之，故欲往。'相如谓臣曰：'夫赵强而燕弱，而君幸⑩于赵王，故燕王欲结于君。今君乃亡赵走燕，燕畏赵，其势必不敢留君，而束君归赵⑪矣。君不如肉袒伏斧质⑫请罪，则幸⑬得脱矣。'臣从其计，大王亦幸赦臣。臣窃以为其人勇士，有智谋，宜⑭可使。"于是王召见，问蔺相如曰："秦王以十五城请易寡人之璧，可予不⑮？"相如曰："秦强而赵弱，不可不许。"王曰："取吾璧，不予我城，奈何？"相如曰："秦以城求璧而赵不许，曲⑯在赵。赵予璧而秦不予赵城，曲在秦。均⑰之二策，宁许以负秦曲⑱。"王曰："谁可使者？"相如曰："王必⑲无人，臣愿奉璧往使。城入赵而璧留秦；城不入，臣请完⑳璧归赵。"赵王于是遂遣相如奉璧西入秦。

【注释】

① 和氏璧：楚人卞和在山中得到璞，经雕刻成美玉，故名和氏璧。

② 遗：送。

③ 易：交换。

④ 徒见欺：白白地受到欺骗。徒，白白地。见，被。

⑤ 患：担心，忧虑。

⑥ 尝：曾经。

⑦ 窃计：私下打算。亡走：逃跑。

⑧ 何以：凭什么。

⑨ 境：指边境。

⑩ 幸：宠幸，宠信。

⑪ 束君归赵：把你捆绑起来送回赵国。束，捆绑。归，送回。

⑫ 肉袒：脱去上衣，露出上体。斧质：古代杀人刑具。质，同"锧"，铁砧板，人伏其上等待砍头。

⑬ 幸：侥幸。
⑭ 宜：适当，应该。
⑮ 不：通"否"。
⑯ 曲：理亏。
⑰ 均：衡量，权衡。
⑱ 负秦曲：使秦国承担理屈的责任。负，使承担。
⑲ 必：倘若，假如。
⑳ 完：完整无缺。

【译文】

　　赵惠文王的时候，得到了楚人的和氏璧。秦昭王听说了这件事，就派人给赵王送来一封书信，表示愿意用十五座城池交换和氏璧。赵王同大将军廉颇以及诸大臣们商量：如果把宝玉给了秦国，秦国的城邑恐怕不可能得到，白白地受到欺骗；如果不给他，又恐怕秦军来攻打。尚未找到合适的解决办法，寻找一个能到秦国去回复的使者，也未能找到。宦者令缪贤说："我的门客蔺相如可以出使。"赵王问："你是怎么知道他可以出使的？"缪贤回答说："为臣曾犯过罪，私下打算逃亡到燕国去，我的门客相如劝阻我不要去，问我说：'您怎么会了解燕王呢？'我对他说：'我曾随从大王在国境上与燕王会见，燕王私下握住我的手，说"情愿跟您交个朋友"。因此了解他，所以打算投奔燕王。'相如对我说：'赵国强，燕国弱，而您受宠于赵王，所以燕王想要和您结交。现在您是从赵国逃亡到燕国去，燕国惧怕赵国，这种形势下燕王必定不敢收留您，而且还会把您捆绑起来送回赵国。您不如脱掉上衣，露出肩背，伏在斧刃之下请求治罪，这样也许侥幸被赦免。'臣听从了他的意见，大王也开恩赦免了为臣。为臣私下认为这人是个勇士，有智谋，应该可以出使。"于是赵王立即召见，问蔺相如："秦王用十五座城池请求交换我的和氏璧，能不能给他？"相如说："秦国强，赵国弱，不能不答应它。"赵王说："得了我的宝璧，不给我城邑，怎么办？"相如说："秦国请求用城换璧，赵国如不答应，赵国理亏；赵国给了璧而秦国不给赵国城邑，秦国理亏。衡量一下两种对策，宁可答应它，让秦国来承担理亏的责任。"赵王说："谁可以前往？"相如说："大王如果无人可派，臣愿捧护宝璧前往出使。城邑归属赵国了，就把宝璧留给秦国；城邑不能归赵国，我一定把和氏璧完好地带回赵国。"赵王于是就派遣蔺相如带好和氏璧，西行入秦。

秦王坐章台①见相如，相如奉璧奏②秦王。秦王大喜，传以示美人及左右③，左右皆呼万岁。相如视秦王无意偿赵城，乃前曰："璧有瑕④，请指示⑤王。"王授璧，相如因持璧却立，倚柱，怒发上冲冠，谓秦王曰："大王欲得璧，使人发书至赵王，赵王悉召群臣议，皆曰'秦贪，负⑥其强，以空言求璧，偿城恐不可得'。议不欲予秦璧。臣以为布衣之交⑦尚不相欺，况大国乎！且以一璧之故逆⑧强秦之欢，不可。于是赵王乃斋戒⑨五日，使臣奉璧，拜送书于庭⑩。何者？严大国之威以修敬⑪也。今臣至，大王见臣列观，礼节甚倨⑫；得璧，传之美人，以戏弄臣。臣观大王无意偿赵王城邑，故臣复取璧。大王必欲急⑬臣，臣头今与璧俱碎⑭于柱矣！"相如持其璧睨⑮柱，欲以击柱。秦王恐其破璧，乃辞谢固请⑯，召有司⑰案图，指从此以往十五都⑱予赵。相如度秦王特以诈详⑲为予赵城，实不可得，乃谓秦王曰："和氏璧，天下所共传宝也，赵王恐，不敢不献。赵王送璧时，斋戒五日，今大王亦宜斋戒五日，设九宾⑳于廷，臣乃敢上璧。"秦王度之，终不可强夺，遂许斋五日，舍㉑相如广成传。相如度秦王虽斋，决负约不偿城，乃使其从者衣褐㉒，怀其璧，从径道亡，归璧于赵。

【注释】

① 章台：秦国离宫中一台观之名，遗址在今陕西长安故城西南。

② 奏：呈献，进献。

③ 美人：指妃嫔。左右：指秦王近侍。

④ 瑕：玉上的斑点。

⑤ 指示：指给……看。

⑥ 负：倚仗，凭借。

⑦ 布衣之交：普通百姓之间的交往。

⑧ 逆：拂逆，触犯，违背。

⑨ 斋戒：古人在祭祀之前几天要沐浴更衣、戒酒、戒荤、戒女色，以表示对神的虔诚，总称为斋戒。

⑩ 庭：同"廷"，朝廷。

⑪ 严：尊重。修敬：致敬。

⑫ 倨：傲慢。

⑬ 急：逼迫，威逼。

⑭ 碎：撞碎，击碎。

⑮ 睨：斜视。

⑯ 固请：坚决地请求，再三地请求。

⑰ 有司：主管某方面事务的官吏。

⑱ 都：城邑。

⑲ 特：只不过。详：通"佯"，假装。

⑳ 九宾：当时外交上最隆重的礼仪，由九名迎宾礼官，依次传呼接引宾客上殿。

㉑ 舍：安置住宿。

㉒ 衣褐：穿着粗麻布短衣。

【译文】

　　秦王坐在章台上接见蔺相如，相如捧璧呈献给秦王。秦王非常高兴,把宝璧传着给妻妾和左右侍从看,左右都高呼万岁。相如看出秦王没有用城邑抵偿赵国的意思,便走上前去说:"璧上有个小斑点,让我指给大王看。"秦王把璧交给他,相如于是手持璧玉退后几步靠在柱子上,怒发冲冠,对秦王说:"大王想得到宝璧,派人送信给赵王,赵王召集全体大臣商议,大家都说:'秦国贪得无厌,倚仗它的强大,想用空话得到宝璧,说给我们城邑恐怕不可能。'商议的结果是不想把宝璧给秦国。但是我认为平民百姓之间的交往尚且互相不欺骗,更何况是大国之间呢!况且为了一块璧玉就使强大的秦国不高兴,也是不应该的。于是赵王斋戒了五天,派我捧着宝璧,在殿堂上恭敬地拜送国书。为什么要这样呢?是尊重大国的威望以表示敬意呀。如今我来到贵国,大王却在一般的台观上接见我,礼节非常傲慢;得到宝璧后,传给姬妾们观看,这样来戏弄我。我观察大王没有给赵王十五城的诚意,所以我又取回宝璧。大王如果一定要逼我,我的头今天就同宝璧一起在柱子上撞碎!"相如手持宝璧,斜视庭柱,就要向庭柱上撞去。秦王怕他把宝璧撞碎,便向他道歉,坚决请求他不要如此,并召来有司查看地图,指明从某地到某地的十五座城邑都给赵国。相如估计秦王只不过用欺诈手段假装给赵国城邑,实际上赵国根本不可能得到,于是就对秦王说:"和氏璧是天下公认的宝物,赵王惧怕贵国,不敢不奉献出来。赵王送璧之前,斋戒了五天,如今大王也应斋戒五天,在殿堂上安排九宾大典,我才敢献上宝璧。"秦王估量,毕竟不可以强力夺取,于是就答应斋戒五天,将相如安置在广成宾馆。相如估计秦王虽然答应斋戒,但必定背约不给城邑,便派他的随从穿上粗麻布衣服,怀中藏好宝璧,从小路逃出,把宝璧送回赵国。

秦王斋五日后,乃设九宾礼于廷,引^①赵使者蔺相如。相如至,谓秦王曰:"秦自缪公^②以来二十余君,未尝有坚明约束^③者也。臣诚恐见欺于王而负赵,故令人持璧归,间^④至赵矣。且秦强而赵弱，大王遣一介之使⑤至赵，赵立奉璧来。今以秦之强而先割十五都予赵，赵岂敢留璧而得罪于大王乎？臣知欺大王之罪当诛，臣请就汤镬⑥，唯大王与群臣孰计议⑦之。"秦王与群臣相视而嘻⑧。左右或欲引相如去⑨，秦王因曰："今杀相如，终不能得璧也，而绝秦赵之欢，不如因而厚遇⑩之，使归赵，赵王岂以一璧之故欺秦邪！"卒廷见相如，毕礼而归之。

相如既归，赵王以为贤大夫，使不辱于诸侯，拜相如为上大夫⑪。秦亦不以城予赵，赵亦终不予秦璧。

【注释】

① 引：延请。
② 缪公：即秦穆公。缪，通"穆"。
③ 坚明约束：切实遵守信约。坚明，坚定而明确地遵守。约束，信约，盟约。
④ 间：抄小路走。
⑤ 一介之使：一个使臣。
⑥ 请就汤镬：愿意接受汤镬之刑。汤镬，开水锅。古代有一种酷刑为烹刑，即把人投入开水锅中煮死。
⑦ 孰：同"熟"，仔细。计议：商议，从长计议。
⑧ 嘻：惊怪之声，苦笑之声。
⑨ 引相如去：拉相如去受刑。
⑩ 遇：款待。
⑪ 上大夫：爵位名，大夫中最高一级。

【译文】

秦王斋戒五天后，就在殿堂上安排了九宾的大典礼，延请赵国使者蔺相如。相如来到后，对秦王说："秦国从穆公以来的二十余位君主，从没有一个能切实遵守信约的。我实在是害怕被大王欺骗而对不起赵王,所以派人带着宝璧回去,已从小路回到赵国了。况且秦国强大赵国弱小,大王派遣一位使臣到赵国,赵国立即就会把宝璧送来。如今凭着秦国的强大,先把十五座城邑割让给赵国,赵国哪里敢留下宝璧而得罪大王呢?我知道欺骗大王是应该被诛杀的,我愿意接受汤镬之刑,只希望大王和各位大臣从长计议此事!"秦王和群臣面面相觑,发出苦笑之声。侍从有人要拉相如去受刑,秦王趁机说:"如今杀了相如,终归还是得不到宝璧,反而破坏了秦赵两国的交情,不如趁此好好款待他,放他回到赵国,赵王难道会为了一块璧玉而欺骗秦国吗!"最终还是在殿堂上隆重地接见了相如,大礼完后让他回了国。

相如回国后,赵王认为他是一位有德行、有才能的贤大夫,出使诸侯国,能做到不辱使命,于是封相如为上大夫。此后秦国并没有把城邑给赵国,赵国也始终不给秦国宝璧。

其后秦伐赵,拔①石城。明年,复攻赵,杀二万人。

秦王使使者告赵王,欲与王为好会②于西河外渑池③。赵王畏秦,欲毋行。廉颇、蔺相如计曰:"王不行,示赵弱且怯也。"赵王遂行,相如从。廉颇送至境,与王诀④曰:"王行,度道里会遇⑤之礼毕,还,不过三十日。三十日不还,则请立太子为王,以绝秦望⑥。"王许之,遂与秦王会渑池。秦王饮酒酣⑦,曰:"寡人窃闻赵王好音⑧,请奏瑟⑨。"赵王鼓瑟。秦御史⑩前书曰:"某年月日,秦王与赵王会饮,令赵王鼓瑟。"蔺相如前曰:"赵王窃闻秦王善为秦声,请奏盆缻⑪秦王,以相娱乐⑫。"秦王怒,不许。于是相如前进⑬缻,因跪请秦王。秦王不肯击缻。相如曰:"五步之内,相如请得以颈血溅大王矣!"左右欲刃相如,相如张目叱⑭之,左右皆靡⑮。于是秦王不怿⑯,为一击缻。相如顾召⑰赵御史书曰:"某年月日,秦王为赵王击缻。"秦之群臣曰:"请以赵十五城为秦王寿⑱。"蔺相如亦曰:"请以秦之咸阳为赵王寿。"

秦王竟酒⑲，终不能加胜于赵。赵亦盛设兵⑳以待秦，秦不敢动。

【注释】

① 拔：攻克。

② 好会：友好的会见。

③ 渑池：秦邑名，故址在今河南渑池。

④ 诀：辞别，告别，或为死别，廉颇担心赵王遇险不能返赵，所以作诀别之语。

⑤ 道里：路程。会遇：见面会谈。

⑥ 秦望：秦国要挟勒索的企图。

⑦ 酒酣：酒喝得正畅快。

⑧ 好音：喜爱音乐。

⑨ 瑟：古代拨弦乐器，形似古琴身比琴长大，通常二十五弦，每弦一柱，但无征位。

⑩ 御史：官名，战国时掌管图籍，记载国家大事的史官。

⑪ 缶：瓦制的打击乐器。

⑫ 娱乐：戏乐，取乐，使欢乐。

⑬ 前进：上前进献。

⑭ 叱：喝骂。

⑮ 靡：倒退，溃退。

⑯ 怿：快乐，高兴。

⑰ 顾召：回过头来嘱咐。召，通"招"。

⑱ 为……寿：为……祝酒，在酒席上赠礼以劝酒。

⑲ 竟酒：直到酒宴结束。

⑳ 盛设兵：重兵设防。

【译文】

　　此后秦国攻打赵国，夺取了石城。第二年，秦国再次攻打赵国，杀死两万人。

　　秦王派使者告诉赵王，想在西河外的渑池与赵王进行一次友好会见。赵王害怕秦国，打算不去。廉颇、蔺相如商议道："大王如果不去，就显得赵国既软弱又胆小。"赵王于是前去赴会，蔺相如随行。廉颇送到边境，和赵王诀别说："大王此行，估计路程和会谈结束，再加上返回的时间，不会超过三十天。如果三十天还没回来，就请您允许我们立太子为王，以断绝秦国要挟的妄想。"赵王答应了，便去渑池与秦王会见。秦王饮到酒兴正浓时，说："我私下里听说赵王爱好音乐，请您奏瑟一曲！"赵王就弹起瑟来。秦国的史官上前来写道："某年某月某日，秦王与赵王一起饮酒，令赵王弹瑟。"蔺相如上前说："赵王私下里听说秦王擅长秦地土乐，请让我给秦王捧上盆，来相互为乐。"秦王发怒，不答应。这时蔺相如向前进献瓦缻，并跪下请秦王演奏。秦王不肯击缻，蔺相如说："在这五步之内，如果我自杀，脖颈里的血可以溅在大王身上了！"秦王的侍从们想要杀蔺相如，蔺相如睁圆双眼大声斥骂他们，侍从们都吓得倒退。因此秦王很不高兴，也只好敲了一下缻。相如回头来招呼赵国史官写道："某年某月某日，秦王为赵王击缻。"秦国的大臣们说："请你们用赵国的十五座城池向秦王献礼。"蔺相如也说："请你们用秦国的咸阳向赵王献礼。"直到酒宴结束，秦王始终也未能压倒赵王。赵国也部署了大批军队来防备秦国，因而秦国也不敢轻举妄动。

　　既罢归国，以相如功大，拜为上卿，位在廉颇之右①。廉颇曰："我为赵将，有攻城野战②之大功，而蔺相如徒以口舌③为劳，而位居我上。且相如素贱人④，吾羞，不忍⑤为之下。"宣言⑥曰："我见相如，必辱之。"相如闻，不肯与会。相如每朝时，常称病，不欲与廉颇争列⑦。已而⑧相如出，望见廉颇，相如引车避匿⑨。于是舍人相与谏曰："臣所以去亲戚而事君者，徒慕君之高义⑩也。

今君与廉颇同列，廉君宣⑪恶言而君畏匿之，恐惧殊甚⑫，且庸人尚羞之，况于将相乎！臣等不肖⑬，请辞去。"蔺相如固止⑭之，曰："公之视廉将军孰与⑮秦王？"曰："不若也。"相如曰："夫以秦王之威，而相如廷叱之，辱其群臣，相如虽驽⑯，独畏廉将军哉！顾⑰吾念之，强秦之所以不敢加兵于赵者，徒以吾两人在也。今两虎共斗，其势不俱生。吾所以为此者，以先国家之急而后私仇也。"廉颇闻之，肉袒负荆⑱，因⑲宾客至蔺相如门谢罪，曰："鄙贱之人，不知将军宽之至此也。"卒相与欢，为刎颈之交⑳。

【注释】

① 右：秦汉以前以右为上。

② 野战：在野外进行的战斗，区别于在要塞或城市的战斗。

③ 口舌：雄辩，言辞。

④ 贱人：出身低贱的人。

⑤ 忍：容忍。

⑥ 宣言：宣称，扬言。

⑦ 争列：争位次排列的先后高低。

⑧ 已而：不久。

⑨ 引车避匿：掉转车头，隐藏起来。引，退。

⑩ 高义：高尚的道义。

⑪ 宣：传出。

⑫ 殊甚：太过分了。

⑬ 不肖：不贤，没出息。

⑭ 固止：坚决地制止。

⑮ 孰与：何如。

⑯ 驽：蠢笨，拙劣。

⑰ 顾：但。

⑱ 负荆：身背荆条，表示愿受责罚。
⑲ 因：依靠，通过。
⑳ 刎颈之交：誓同生死的朋友。

【译文】

　　渑池会结束以后，由于蔺相如功劳大，被封为上卿，官位在廉颇之上。廉颇说："作为赵国的将军，我有攻战城池作战旷野的大功劳，而蔺相如只不过靠能说会道立了点功，可是他的地位却在我之上，况且蔺相如本来就出身卑贱，我感到羞耻，无法容忍官位在他之下。"并且扬言说："我遇见蔺相如，一定要羞辱他一番。"蔺相如听到这话后，不愿意和廉颇相会。每到上朝时，蔺相如常常声称有病，不愿和廉颇去争位次的先后。没过多久，蔺相如外出，远远看到廉颇，蔺相如就掉转车子回避。于是蔺相如的门客就一起来向蔺相如抗议说："我们之所以离开亲人来侍奉您，是仰慕您高尚的节义呀。如今您与廉颇官位相同，廉颇传出坏话，而您却害怕躲避着他，胆怯得也太过分了，一般人尚且感到羞耻，更何况是身为将相的人呢！我们这些人没有出息，请让我们辞去吧！"蔺相如坚决地挽留他们，说："诸位认为廉将军和秦王相比谁更厉害？"众人都说："廉将军比不上秦王。"蔺相如说："以秦王的威势，而我尚敢在朝廷上呵斥他，羞辱他的群臣，我蔺相如虽然无能，难道会怕廉将军吗！但是我想到，强大的秦国之所以不敢对赵国用兵，就是因为有我们两人在呀。如今我们俩相斗，就如同两猛虎争斗一般，势必不能共存。我之所以这样忍让，就是将国家的危难放在前面，而把个人的私怨搁在后面罢了！"廉颇听说了这些话，就脱去上衣，露出上身，背着荆鞭，由宾客引领，来到蔺相如的门前请罪，他说："我这个粗野卑贱的人，想不到将军的胸怀如此宽大啊！"二人终于相互交欢和好，成了生死与共的好友。

　　太史公曰：知死必勇，非死者难也，处①死者难。方蔺相如引璧睨柱，及叱秦王左右，势不过诛，然士或怯懦而不敢发②。相如一奋其气，威信③敌国，退而让颇，名重太山④，其处智勇，可谓兼之矣！

【注释】

① 处：处理，对待。

② 发：发作，表现。

③ 信：伸张。

④ 太山：即泰山。

【译文】

　　太史公说：知道将死而不害怕，必定是很有勇气，死并非是难事，而怎样对待死才是难事。当蔺相如手举宝璧斜视庭柱，以及呵斥秦王侍从的时候，就面前形势来说，最多不过是被杀，然而一般士人往往因为胆小懦弱而不敢如此表现。相如一旦振奋起他的勇气，其威力就伸张出来压倒敌国。后来又对廉颇谦逊退让，他的声誉比泰山还重，他处事中表现的智慧和勇气，可以说是兼而有之啊！

刺客列传(节选)

荆轲者,卫人也。其先①乃齐人,徙②于卫,卫人谓之庆卿③。而之燕,燕人谓之荆卿。

【注释】
① 先:先人,祖先。
② 徙:迁移。
③ 卿:古代对人的敬称。

【译文】
荆轲,卫国人。他的祖先是齐国人,后来迁移到卫国,在卫国人们称呼他庆卿。到燕国后,燕国人称他荆卿。

荆卿好读书击剑,以术说①卫元君,卫元君不用。其后秦伐魏,置东郡②,徙卫元君之支属③于野王④。

【注释】
① 术:剑术。说:游说。
② 东郡:秦郡名,故址在今河南濮阳南。
③ 支属:卫元君的旁支亲属。
④ 野王:秦邑名,故址在今河南沁阳。

【译文】
荆卿喜爱读书、击剑,凭借着剑术游说卫元君,卫元君没有任用他。此后秦国攻打魏国,设置了东郡,把卫元君的旁支亲属都迁移到野王。

荆轲尝游过榆次①，与盖聂论剑②，盖聂怒而目③之。荆轲出，人或言复召荆卿。盖聂曰："曩者④吾与论剑有不称⑤者，吾目之；试往，是宜去，不敢留。"使使往之主人⑥，荆卿则已驾而去⑦榆次矣。使者还报，盖聂曰："固去也，吾曩者目摄⑧之！"

【注释】

① 榆次：赵邑名，故址在今山西榆次。
② 论剑：谈论剑术，有较量的意思。
③ 目：瞪眼怒视。
④ 曩者：以往，过去。此处指刚才。
⑤ 不称：不相宜，不合适。
⑥ 主人：指荆轲住所地房东。
⑦ 驾：乘车。去：离开。
⑧ 摄：通"慑"，威慑，震慑。

【译文】

荆轲曾经漫游路过榆次，与盖聂谈论剑术，因见解不同，盖聂对他怒目而视。荆轲出去以后，有人劝盖聂再把荆轲叫回来。盖聂说："刚才我和他谈论剑术，他谈的有不合剑术的地方，我用眼瞪了他；试试去找找他吧，我用眼瞪他，他应该走了，不敢再留在这里了。"派人到荆轲住处询问房东，荆轲已乘车离开榆次了。派去的人回来报告，盖聂说："本来就该走了，先前我的目光已使他畏惧了。"

荆轲游于邯郸，鲁勾践与荆轲博①，争道②，鲁勾践怒而叱之，荆轲嘿③而逃去，遂不复会。

【注释】

① 博：古代一种类似下棋的游戏。

② 争道：争执博局的着数。道，棋局上的线路。
③ 嘿：同"默"，闷声不响，不与争辩。

【译文】

荆轲在邯郸游历，鲁勾践跟荆轲博戏，争执博局的路数，鲁勾践发怒呵斥他，荆轲却默无声息地逃走了，于是不再见面。

荆轲既①至燕，爱燕之狗屠及善击筑②者高渐离。荆轲嗜酒，日与狗屠及高渐离饮于燕市③，酒酣以往④，高渐离击筑，荆轲和而歌于市中，相乐也，已而⑤相泣，旁若无人者。荆轲虽游于酒人⑥乎，然其为人沉深⑦好书；其所游诸侯，尽与其贤豪长者⑧相结。其之燕，燕之处士⑨田光先生亦善待之，知其非庸人也。

【注释】

① 既：已经。
② 筑：古乐器，像琴，有弦，用竹敲击，故名筑。
③ 燕市：燕国的闹市。
④ 以往：以后。
⑤ 已而：接着。
⑥ 游于酒人：与酒徒结交。
⑦ 沉深：深沉稳重。
⑧ 贤豪长者：贤士、豪杰和年高有德行的人。
⑨ 处士：有才有德不愿为官的隐居者。

【译文】

荆轲到了燕国以后，与一个以宰狗为业的屠夫和擅长击筑的高渐离交好。荆轲特别好饮酒，天天与宰狗的屠夫以及高渐离在燕国的闹市上喝酒，酒喝得很畅快以后，高渐离击筑，荆轲就和着节拍在街市上唱歌，相互娱乐，不一会儿又相对哭泣起来，好像身旁没有人似的。荆轲虽说混在酒徒中，可是他为人却深沉稳重，喜欢读书；在其所游历过的诸侯国中，他所结交的都是些当地的贤士豪杰、德高望重的人。他到燕国后，燕国隐士田光先生也友好地对待他，知道他不是平庸的人。

居顷之，会①燕太子丹质②秦亡归燕。燕太子丹者，故尝质于赵，而秦王政生于赵，其少时与丹欢③。及政立为秦王，而丹质于秦。秦王之遇燕太子丹不善，故丹怨而亡归。归而求为报④秦王者，国小，力不能。其后秦日出兵山东以伐齐、楚、三晋⑤，稍蚕食⑥诸侯，且⑦至于燕，燕君臣皆恐祸之至。太子丹患之，问其傅⑧鞠武。武对曰："秦地遍天下，威胁韩、魏、赵氏，北有甘泉、谷口之固，南有泾、渭之沃，擅⑨巴、汉之饶，右陇、蜀之山，左关、殽之险，民众而士厉⑩，兵革⑪有余。意有所出，则长城之南，易水以北，未有所定也。奈何以见陵⑫之怨，欲批其逆鳞⑬哉！"丹曰："然则何由⑭？"对曰："请入⑮图之。"

【注释】

① 会：适逢，正赶上。

② 质：作人质。

③ 欢：要好，交情深。

④ 报：报复。

⑤ 三晋：韩、赵、魏三国的总称。

⑥ 稍：逐渐，一点一点地。蚕食：侵吞他国土地如蚕吃桑叶一样。

⑦ 且：快要。

⑧ 傅：官名，即太傅，掌教谕太子。

⑨ 擅：拥有，据有。

⑩ 士厉：士兵训练有素。厉，振奋。

⑪ 兵革：武器装备。兵，武器。革，皮制铠甲。
⑫ 见陵：被欺凌。见，被。陵，侵犯，欺侮。
⑬ 批：触动，触犯。逆鳞：倒生的鳞甲，传说龙颈部生有倒鳞，触及倒鳞，龙即发怒。
⑭ 何由：从何处着手。
⑮ 入：深入、细致。

【译文】

过了不久，适逢在秦国作人质的燕国太子丹逃回燕国。燕太子丹，过去曾在赵国作人质。秦王嬴政出生在赵国，他小时候和太子丹很要好。等到嬴政被立为秦王，太子丹又到秦国作人质。秦王对待燕太子不友好，所以太子丹因怨恨他而逃归燕国。回来后就寻求报复秦王的办法，但是燕国弱小，不能与秦国相抗衡。此后秦国经常出兵太行山以东的地方，攻打齐国、楚国和三晋，像蚕吃桑叶一样，逐渐地侵吞各国，战火将波及燕国了，燕国君臣唯恐大祸临头。太子丹为此忧虑，请教他的太傅鞠武。鞠武回答说："秦国的土地遍天下，威胁到韩、魏、赵三国。它的北面有甘泉、谷口坚固险要的地势，南面有泾水、渭水流域肥沃的土地，据有富饶的巴郡、汉中地区，右边有陇、蜀崇山峻岭为屏障，左边有函谷关、殽山做要塞，人口众多而士兵训练有素，武器装备绰绰有余。秦国如果有出兵燕国的意图，那么长城以南、易水以北我们燕国的这块地方就无法安稳了。为什么您还要因为被欺侮的怨恨，要去触动秦王的逆鳞呢！"太子丹说："既然如此，那么我们该怎么办呢？"鞠武回答说："让我仔细考虑考虑。"

居有间①，秦将樊於期得罪于秦王，亡之燕，太子受而舍②之。鞠武谏曰："不可。夫以秦王之暴而积怒于燕，足为寒心③，又况闻樊将军之所在乎？是谓'委肉当饿虎之蹊'④也，祸必不振⑤矣！虽有管、晏，不能为之谋也。愿太子疾遣樊将军入匈奴以灭口⑥。

请西约三晋，南连齐、楚，北购⑦于单于，其后乃可图也。"太子曰："太傅之计，旷日弥久⑧，心惽然⑨，恐不能须臾⑩。且非独于此也，夫樊将军穷困于天下，归身于丹，丹终不以迫于强秦而弃所哀怜之交，置之匈奴，是固丹命卒之时也。愿太傅更虑之。"鞠武曰："夫行危欲求安，造祸而求福，计浅而怨深，连结一人之后交⑪，不顾国家之大害，此所谓'资怨而助⑫'祸矣。夫以鸿毛⑬燎于炉炭之上，必无事矣。且以雕鸷⑭之秦，行怨暴之怒，岂足道哉！燕有田光先生，其为人智深而勇沉，可与谋。"太子曰："愿因太傅而得交于田先生，可乎？"鞠武曰："敬诺。"出见田先生，道"太子愿图国事于先生也"。田光曰："敬奉教。"乃造⑮焉。

【注释】

① 居有间：过了一些时候。

② 舍：安置……下来。

③ 寒心：害怕。

④ 委：弃置，抛弃。蹊：道路。

⑤ 不振：无法拯救。振，救，挽救。

⑥ 灭口：消除……借口。

⑦ 购：通"媾"，媾和，讲和。

⑧ 旷日弥久：所费时日太长了。

⑨ 惽然：忧闷，烦乱。惽，糊涂。

⑩ 须臾：片刻。

⑪ 后交：新交的朋友。

⑫ 资：增加。助：助长。

⑬ 鸿毛：大雁羽毛，喻燕国力量薄弱。

⑭ 雕鸷：两种凶猛的鸟。比喻秦国的凶残。

⑮ 造：前往拜访。

【译文】

过了一些时候，秦将樊於期得罪了秦王，逃到燕国，太子接纳了他，并让他住下来。鞠武规劝说："不行。秦王本来就很凶暴，一直对燕国有积怨，这就足以叫人心惊胆寒的了，更何况他听到樊将军住在这里呢？这就等于'将肉放置在饿虎必经的路上'啊，祸患一定不可挽救！即使有管仲、晏婴，也不能为您出谋划策了。希望您赶快送樊将军到匈奴去，以消除秦国攻打我们的借口。您向西与三晋结盟，向南联络齐、楚，向北与单于和好，然后就可以想办法对付秦国了。"太子丹说："老师的计划，所费的时日也太长了，我的心里忧闷烦乱，恐怕连片刻也等不及了。况且不仅如此，樊将军在穷途末路之时，来投奔于我，我总不能因为迫于强暴的秦国而抛弃我所同情的朋友，把他送到匈奴去，这应当是我生命完结的时刻。希望老师另考虑别的办法。"鞠武说："做了危险的事想求得安全，制造了祸患而祈请幸福，计谋浅薄而怨恨深重，为了结交一个新朋友，而不顾国家的大祸患，这就是所谓的'积蓄仇恨，助长祸患'了。把鸿毛放在炉炭上一下子就烧光了。至于像雕鸷一样凶猛的秦国，要对燕国发泄仇恨残暴的怒气，那结果还用得着说吗？燕国有位田光先生，他这个人智谋深邃、勇敢沉着，您可以和他商量商量。"太子说："希望通过老师您而得以结交田先生，可以吗？"鞠武说："遵命。"鞠武便出去拜会田先生，说"太子希望跟田先生一同谋划国事"。田光说："谨领教。"就前去拜访太子。

太子逢迎①，却行②为导，跪而蔽席③。田光坐定，左右无人，太子避席④而请曰："燕秦不两立，愿先生留意⑤也。"田光曰："臣闻骐骥⑥盛壮之时，一日而驰千里；至其衰老，驽马⑦先之。今太子闻光盛壮之时，不知臣精已消亡矣。虽然，光不敢以图国事，所善荆卿可使也。"太子曰："愿因先生得结交于荆卿，可乎？"

田光曰:"敬诺。"即起,趋⑧出。太子送至门,戒曰⑨:"丹所报,先生所言者,国之大事也,愿先生勿泄也!"田光俛⑩而笑曰:"诺。"偻行⑪见荆卿,曰:"光与子相善,燕国莫不知。今太子闻光壮盛之时,不知吾形已不逮⑫也,幸而教之曰'燕秦不两立,愿先生留意也'。光窃不自外⑬,言足下于太子也,愿足下过太子于宫。"荆轲曰:"谨奉教。"田光曰:"吾闻之,长者为行,不使人疑之。今太子告光曰'所言者,国之大事也,愿先生勿泄',是太子疑光也。夫为行而使人疑之,非节侠⑭也。"欲自杀以激荆卿,曰:"愿足下急过太子,言光已死,明⑮不言也。"因遂自刎而死。

【注释】

① 逢迎:前去迎接。

② 却行:倒退着走,表示尊敬。却,退。

③ 蔽席:拂拭座位。蔽,拂拭,掸。

④ 避席:离开座席,以示敬意。

⑤ 留意:放在心上。

⑥ 骐骥:良马,骏马。

⑦ 驽马:劣等马。

⑧ 趋:小步快走。

⑨ 戒曰:郑重地嘱咐说。

⑩ 俛:同"俯",低头。

⑪ 偻行:弯腰而行。

⑫ 形:身体。不逮:不及。

⑬ 不自外:没有把你当成外人。

⑭ 节侠:有节操、讲义气的人。

⑮ 明:表明,显示。

【译文】

太子上前迎接，倒退着走为田光引路，跪下来拂拭座位给田光让坐。田光坐稳后，左右没别人，太子离开自己的座位向田光请教说："燕国与秦国誓不两立，希望先生放在心上。"田光说："我听说骐骥强壮的时候，一日能奔驰千里，等到它衰老了，就是劣等马也能跑到它的前面。现在太子只听说我壮年时的事迹，却不知道我精力已经衰竭了。我虽然不能参与谋划国事，我的好朋友荆卿是可以承担这个使命的。"太子说："希望能通过先生和荆卿结交，可以吗？"田光说："遵命。"于是即刻起身，急忙出去了。太子送到门口，郑重地嘱咐说："我所讲的，先生所说的，都是国家的大事，希望先生不要泄露！"田光低下头笑着说："是。"田光弯腰驼背地走着去见荆卿，说："我和您交情深厚，燕国没有谁不知道。如今太子听说我壮年之时的情景，却不知道我的身体已远远不及从前了，承蒙抬举，告诉我说：'燕、秦两国誓不两立，希望先生放在心上。'我私下里把你当成自己人，已经把您推荐给太子了，希望您前往宫中拜访太子。"荆轲说："谨听指教。"田光说："我听说，年高老成的人行事，不能让别人怀疑他。如今太子告诫我说，'所说的，是国家大事，希望先生不要泄露，'这是太子怀疑我。一个人行事却让别人怀疑他，他就不算是有节操、讲义气的人。"他要用自杀来激励荆卿，说："希望您立即去见太子，就说我已经死了，表明我不会泄露机密。"因此就刎颈自杀了。

荆轲遂见太子，言田光已死，致①光之言。太子再拜而跪，膝行②流涕，有顷而后言曰："丹所以诫田先生毋言者，欲以成大事之谋也。今田先生以死明不言，岂丹之心哉！"荆轲坐定，太子避席顿首曰："田先生不知丹之不肖③，使得至前，敢有所道，此天之所以哀燕而不弃其孤也。今秦有贪利之心，而欲不可足也。非尽天下之地，臣④海内之王者，其意不厌⑤。今秦已虏韩王，尽纳其地。又举兵南伐楚，北临赵；王翦将数十万之众距⑥漳、邺，而李信出太原、云中。赵不能支⑦秦，必入臣⑧，入臣则祸至燕。燕小弱，数困于兵⑨，今计⑩举国不足以当秦。诸侯服秦，莫敢合从。丹之私计愚，以为诚得天下之勇士使于秦，窥⑪以重利；秦王贪，其势必得所愿矣。诚得劫秦王，使悉反诸侯侵地，若曹沫之与齐桓公，则大善矣；则不可，因而刺杀之。彼秦大将擅⑫兵于外而内有乱，则君臣相疑，以其间诸侯得合从，其破秦必矣。此丹之上愿，而不知所委命，唯荆卿留意焉。"久之，荆轲曰："此国之大事也，臣驽下⑬，恐不足任使。"太子前顿首，固请毋让，然后许诺。于是尊荆卿为上卿，舍上舍。太子日造门下，供太牢⑭具，异物间进，车骑美女恣⑮荆轲所欲，以顺适其意。

【注释】

① 致：传达。

② 膝行：跪行，双膝跪地前行。

③ 不肖：不成材，没出息。此为谦词。

④ 臣：使……臣服，称臣。

⑤ 厌：同"餍"，满足。

⑥ 距：抵达。

⑦ 支：抵挡，抵抗。

⑧ 入臣：前往秦国称臣。

⑨ 兵：军事，战争。

⑩ 计：计算，估计。

⑪ 窥：示，引诱。

⑫ 擅：独揽，掌握，统率。

⑬ 驽下：才智低下。

⑭ 太牢：牛、羊、猪三种牲畜各一头，是古代祭祀的重礼，借指贵

重美食。

⑮ 恣：听任，随其所欲。

【译文】

　　荆轲于是便去会见太子，告诉他田光已死，转达了田光的话。太子拜了两拜跪下去，跪着前进，痛哭流涕，过了一会说："我所以告诫田先生不要讲，是想使大事的谋划得以成功。如今田先生用死来表明他不会说出去，难道是我的初衷吗！"荆轲坐稳，太子离开座位以头叩地说："田先生不知道我没出息，使我能够到您跟前，不揣冒昧地有所陈述，这是上天哀怜燕国，不抛弃我啊。如今秦王贪图利益，而他的欲望是不会满足的。不占尽天下的土地，使各国的君王向他臣服，他的野心是不会满足的。如今秦国已俘虏了韩王，占领了他的全部领土。他又出动军队向南攻打楚国，向北逼近赵国；王翦率领几十万大军抵达漳水、邺县一带，而李信出兵太原、云中。赵国抵挡不住秦军，一定会向秦国臣服；赵国臣服，那么灾祸就降临到燕国。燕国弱小，多次被战争所困扰，如今估计，调动全国的力量也不能够抵挡秦军。诸侯畏服秦国，没有人敢提倡合纵。我个人的看法，果真能得到天下的勇士，派往秦国，用重利诱惑秦王；秦王贪婪，在这种形势下，一定能实现我们的愿望。果真能够劫持秦王，让他全部归还侵占各国的土地，像曹沫劫持齐桓公一样，那就太好了；如不行，就趁势杀死他。他们秦国的大将在国外独揽兵权，而国内出了乱子，那么君臣彼此猜疑，趁此机会，东方各国得以联合起来，就一定能够打败秦国。这是我的最高愿望，却不知道把这使命委托给谁，希望荆卿仔细地考虑这件事。"过了好一会儿，荆轲说："这是国家的大事，我的才能低劣，恐怕不能胜任。"太子上前以头叩地，坚决请求荆轲不要推辞，而后荆轲答应了。于是太子就尊奉荆卿为上卿，让他住进上等的旅舍。太子天天到荆轲的住所拜望，供给着贵重的饮食，还时不时地送来奇珍异物，车马美女任荆轲随心所欲，以满足他的心意。

久之，荆轲未有行意。秦将王翦破赵，虏赵王，尽收入其地，进兵北略①地至燕南界。太子丹恐惧，乃请荆轲曰："秦兵旦暮②渡易水，则虽欲长侍足下，岂可得哉！"荆轲曰："微③太子言，臣愿谒④之。今行而毋信⑤，则秦未可亲⑥也。夫樊将军，秦王购之金千斤，邑万家。诚得樊将军首与燕督亢⑦之地图，奉献秦王，秦王必说⑧见臣，臣乃得有以报。"太子曰："樊将军穷困来归丹，丹不忍以己之私而伤长者之意，愿足下更虑之！"

【注释】

① 略：夺取，侵占。

② 旦暮：早晚，极言时间短暂。

③ 微：无，没有。

④ 谒：请求，禀告。

⑤ 毋信：无取信之物。

⑥ 亲：亲近。

⑦ 督亢：为燕国富庶之地，今属河北。

⑧ 说：同"悦"，喜欢，高兴。

【译文】

过了很长一段时间，荆轲仍没有行动的意思。这时，秦将王翦已经攻破赵国，俘虏了赵王，把赵国的领土全部纳入秦国的版图。大军挺进，向北夺取土地，直到燕国南部边界。太子丹心生恐惧，于是请求荆轲说："秦国军队旦暮之间就要渡过易水，即使我想要长久地侍奉您，那又怎么能办得到呢！"荆轲说："太子就是不说，我也要请求行动了。现在到秦国去，无取信之物，那么就无法接近秦王。那樊将军，秦王悬赏黄金千斤、封邑万户来征求他的脑袋。如果能得到樊将军的脑袋和燕国督亢的地图，献给秦王，秦王一定高兴地接见我，这样我才能够有机会报效您。"太子说："樊将军到了穷途末路才来投奔我，我不忍心为自己的私利而伤害这位长者的心，希望您考虑别的办法吧！"

荆轲知太子不忍，乃遂私见樊於期曰："秦之遇①将军可谓深②矣，父母宗族皆为戮没③。今闻购将军首金千斤，邑万家，将奈何？"於期仰天太息流涕曰："於期每念之，常痛于骨髓，顾④计不知所出耳！"荆轲曰："今有一言可以解燕国之患，报将军之仇者，何如？"於期乃前曰："为之奈何？"荆轲曰："愿得将军之首以献秦王，秦王必喜而见臣，臣左手把其袖，右手揕其匈⑤，然则将军之仇报而燕见陵之愧除矣。将军岂有意乎？"樊於期偏袒搤捥⑥而进曰："此臣之日夜切齿腐心⑦也，乃今得闻教！"遂自刭。太子闻之，驰往，伏尸而哭，极哀。既已不可奈何，乃遂盛樊於期首函封⑧之。

【注释】

① 遇：对待。
② 深：残酷，刻毒。
③ 戮没：杀尽。戮，杀死。没，没入官府为奴。
④ 顾：只是，但。
⑤ 揕：刺。匈：同"胸"，胸膛。
⑥ 偏袒：脱掉右边衣袖，露出右胳臂，左手紧握右腕，以示激愤。搤：同"扼"，掐住，捉住。捥：同"腕"。
⑦ 切齿腐心：上下牙齿咬紧挫动，愤恨得连心都碎了。腐心，心碎欲裂。
⑧ 函封：装入匣子，封起来。

【译文】

荆轲知道太子于心不忍，于是就私下会见樊於期说："秦国对待将军可以说是太残酷了，父母、家族都被杀尽。如今听说用黄金千斤、封邑万户，征购将军的首级，您打算怎么办呢？"於期仰望苍天，叹息流泪说："我每每想到这些，常痛入骨髓，却想不出办法来！"荆轲说："现在有一句话可以解除燕国的祸患，洗雪将军的仇恨，怎么样？"於期凑向前说："怎么办？"荆轲说："希望得到将军的首级献给秦王，秦王一定会高兴地召见我，我左手抓住他的衣袖，右手用匕首直刺他的胸膛，那么将军的仇恨就可以洗雪，而燕国被欺凌的耻辱也可以涤除了，将军是否愿意呢？"樊於期脱掉右边衣袖，露出臂膀，左手紧紧握住右手腕，走近荆轲说："这正是我日日夜夜咬牙切齿、伤心欲绝的事情，今天终于听到您的教诲！"于是就自刎了。太子听到了这个消息，迅速驾车前往，趴在尸体上痛哭，极其悲哀。已经无法挽回，于是就把樊於期的首级装到匣子里密封起来。

　　于是太子豫①求天下之利匕首，得赵人徐夫人匕首，取之百金，使工以药焠②之，以试人，血濡缕③，人无不立死者。乃装为遣④荆卿。燕国有勇士秦舞阳，年十三，杀人，人不敢忤视⑤。乃令秦舞阳为副。荆轲有所待，欲与俱；其人居远未来，而为治行⑥。顷之，未发，太子迟之⑦，疑其改悔，乃复请曰："日已尽矣，荆卿岂有意哉？丹请得先遣秦舞阳。"荆轲怒，叱太子曰："何太子之遣？往而不返者，竖子⑧也！且提一匕首入不测之强秦，仆所以留者，待吾客与俱。今太子迟之，请辞决⑨矣！"遂发。

【注释】

① 豫：通"预"，预先。

② 焠：把烧红的铁器往水里浸染。

③ 血濡缕：只要渗出一点血丝。濡，沾湿。

④ 装：准备行装。遣：送走。

⑤ 忤视：用恶意的眼光看人。忤，逆，抵触。

⑥ 治行：准备行装。
⑦ 迟之：嫌他拖延。
⑧ 竖子：小子，对人的蔑称。
⑨ 辞决：长别。决，通"诀"。

【译文】

　　当时太子已预先寻找天下最锋利的匕首，得到赵国人徐夫人的匕首，花了百金买下它，让工匠用毒水焠它，用人试验，只要见一丝儿血，没有不立刻毙命的。于是就准备行装，送荆轲出发。燕国有位勇士叫秦舞阳，十三岁就曾杀过人，别人都不敢正面看他。于是就派秦舞阳做助手。荆轲另外等待一朋友，打算和他一道出发；那个人住得很远，还没赶到，荆轲已替他准备好了行装。又过了些日子，荆轲还没有出发，太子认为他拖延时间，怀疑他反悔，就再次催请说："日子不多了，荆卿有动身的打算吗？让我派遣秦舞阳先行。"荆轲大怒，斥责太子说："太子这样派遣是什么意思？只顾去而不顾完成使命回来，那是没出息的小子！况且是拿一把匕首进入难以测度的强暴的秦国。我所以暂留的原因，是等待另一位朋友同去。眼下太子嫌我拖延了时日，那就告辞诀别吧！"于是就出发了。

　　太子及宾客知其事者，皆白衣冠①以送之。至易水之上，既祖②，取道③，高渐离击筑，荆轲和而歌，为变徵之声④，士皆垂泪涕泣。又前而为歌曰："风萧萧兮易水寒，壮士一去兮不复还！"复为羽声⑤慷慨，士皆瞋目⑥，发尽上指冠⑦。于是荆轲就车而去，终⑧已不顾。

【注释】

① 白衣冠：丧服。
② 祖：古人出远门时祭祀路神的活动，这里指饯行的一种隆重仪式，

即祭神后，在路上设宴为人送行。

③ 取道：上路。

④ 为变徵之声：发出变徵的音调。徵，古代五音之一。古代乐律分宫、商、角、变徵、徵、羽、变宫七调。变徵调苍凉、凄婉，宜放悲声。

⑤ 羽声：古代五音之一，音调高亢，声音慷慨激昂。

⑥ 瞋目：瞪大眼睛。

⑦ 发尽上指冠：因怒而头发竖起，把帽子顶起来。

⑧ 终：始终。

【译文】

　　太子以及宾客中知道这件事的，都穿着白衣戴着白帽为荆轲送行。到易水岸边，饯行后，上路，高渐离击筑，荆轲和着节拍歌唱，发出变徵苍凉凄婉的声调，送行的人都流泪哭泣。一边向前走一边唱道："风萧萧兮易水寒，壮士一去兮不复还！"又发出慷慨激昂的羽调，送行的人都怒目圆睁，头发直竖，把帽子都顶起来。于是荆轲就上车走了，始终连头也没有回。

　　遂至秦，持千金之资币①物，厚遗秦王宠臣中庶子②蒙嘉。嘉为先言于秦王曰："燕王诚振怖③大王之威，不敢举兵以逆军吏，愿举国为内臣，比④诸侯之列，给贡职如郡县，而得奉守先王之宗庙⑤。恐惧不敢自陈，谨斩樊於期之头，及献燕督亢之地图，函封，燕王拜送于庭⑥，使使以闻大王，唯大王命之。"秦王闻之，大喜，乃朝服，设九宾，见燕使者咸阳宫。荆轲奉樊於期头函，而秦舞阳奉地图柙⑦，以次进。至陛，秦舞阳色变振恐，群臣怪之。荆轲顾笑舞阳，前谢曰："北蕃蛮夷之鄙人，未尝见天子，故振慑⑧。愿大王少假借⑨之，使得毕使于前。"秦王谓轲曰："取舞阳所持地图。"轲既取图奏⑩之秦王，发图，图穷而匕首见⑪。因左手把秦王之袖，而右手持匕首揕之。未至身，秦王惊，自引而起，袖绝。拔剑，剑长，操其室⑫。时惶急，剑坚，故不可立拔。荆轲逐秦王，秦王环柱而走。群臣皆愕，卒⑬起不意，尽失其度⑭。而秦法，群臣侍殿上者不得持尺寸之兵；诸郎中执兵皆陈殿下，非有诏召不得上。方急时，不及召下兵，以故荆轲乃逐秦王。而卒惶急，无以击轲，而以手共搏之。是时侍医夏无且以其所奉药囊提⑮荆轲也。秦王方环柱走，卒惶急，不知所为，左右乃曰："王负剑⑯！"负剑，遂拔以击荆轲，断其左股。荆轲废⑰，乃引其匕首以擿⑱秦王，不中，中桐柱。秦王复击轲，轲被八创⑲。轲自知事不就，倚柱而笑，箕踞⑳以骂曰："事所以不成者，以欲生劫之，必得约契以报太子也。"于是左右既前杀轲，秦王不怡者良久。已而论功，赏群臣及当坐㉑者各有差，而赐夏无且黄金二百溢㉒，曰："无且爱我，乃以药囊提荆轲也。"

【注释】

① 资：价值，资财。币：古代用作礼物的丝织品，泛指用作礼物的玉帛等物。
② 中庶子：官名，掌王族户籍。
③ 振怖：内心惊悸，恐惧。
④ 比：排列、比照。
⑤ 宗庙：帝王或诸侯祭祀祖宗的地方。
⑥ 庭：同"廷"，宫廷。
⑦ 柙：盒子。
⑧ 振慴：惊恐畏惧。
⑨ 假借：宽容。
⑩ 奏：进献。
⑪ 发图：展开地图。穷：尽。见：同"现"，出现。

⑫ 室：指剑鞘。

⑬ 卒：通"猝"，突然。

⑭ 度：常态。

⑮ 提：打，投掷。

⑯ 王负剑：大王赶快把剑推到背上。

⑰ 废：倒下。

⑱ 擿：同"掷"，投掷。

⑲ 创：受伤。

⑳ 箕踞：伸开两腿而坐，如同簸箕，以示轻蔑对方。

㉑ 当坐：判罪。

㉒ 溢：也作"镒"，二十两。

【译文】

　　于是到秦国，荆轲带着价值千金的礼物，厚赠秦王宠幸的臣子中庶子蒙嘉。蒙嘉替荆轲先在秦王面前说："燕王确实被大王的威严震慑得心惊胆战，不敢出动军队抗拒大王的将士，情愿全国上下做您的臣子，排列在诸侯朝贡的队伍里，如您的郡县一样进贡，得以奉守先王的宗庙。因为慌恐畏惧不敢亲自前来陈述，特砍下樊於期的首级，并献上燕国督亢地区的地图，装匣密封。燕王还在朝廷上举行了拜送仪式，派出使臣把这种情况禀明大王，敬请大王指示。"秦王听到这个消息，非常高兴。就穿上了礼服，安排了外交上极为隆重的九宾仪式，在咸阳宫召见燕国的使者。荆轲捧着樊於期的首级，秦舞阳捧着地图匣子，按照正、副使的次序前进。走到殿前台阶下秦舞阳脸色突变，害怕得发抖。大臣们都感到奇怪。荆轲回头朝秦舞阳笑笑，上前谢罪说："北方藩属蛮夷之地的粗野人，没有见过天子，因此心惊胆战。希望大王稍微宽恕他一下，让他能够在大王面前完成使命。"秦王对荆轲说："递上舞阳拿的地图。"荆轲取过地图献上，秦王展开地图，图卷展到尽头，匕首露了出来。荆轲趁机左手抓住秦王的衣袖，右手拿匕首直刺。未近身，秦王大惊，抽身跳起，衣袖挣断。慌忙抽剑，剑长，只是抓住剑鞘。一时惊慌急迫，剑又套得很紧，所以不能立刻拔出。荆轲追赶秦王，秦王绕柱奔跑。大臣们吓得发呆，突然发生意外事变，大家都失去常态。而秦国的法律规定，殿上侍从大臣不允许携带任何兵器；侍卫武官也只能拿着武器依序守卫在殿外，没有皇帝的命令，不准进殿。正当危急时刻，来不及传唤下边的侍卫官兵，因此荆轲能够追赶秦王。仓促之间，惊促急迫，没有用来攻击荆轲的武器，只能赤手空拳和荆轲搏击。这时，侍从医官夏无且用他所捧的药袋投击荆轲。正当秦王围着柱子跑，仓促慌急，不知如何是好的时候，侍从们喊道："大王，把剑推到背后！"秦王把剑推到背后，才拔出宝剑，攻击荆轲，砍断他的左腿。荆轲倒地，就举起他的匕首直接投刺秦王，没有击中，却击中了铜柱。秦王接连攻击荆轲，荆轲被刺伤八处。荆轲自知大事不能成功了，就倚在柱子上大笑，张开两腿像簸箕一样坐在地上骂道："大事之所以没能成功，是因为我想活捉你，迫使你订立归还诸侯们土地的契约回报太子。"这时侍卫们冲上前来杀死荆轲，秦王也因此不高兴了好长一段时间。过后论功赏赐群臣，并处置失职有罪的官员，各不相同，赐给夏无且黄金二百镒，秦王说："无且爱护我，才用药袋投击荆轲啊。"

于是秦王大怒，益发兵诣①赵，诏王翦军以伐燕。十月而拔②蓟城。燕王喜、太子丹等尽率其精兵东保于辽东。秦将李信追击燕王急，代王嘉乃遗燕王喜书曰："秦所以尤追燕急者，以太子丹故也。今王诚杀丹献之秦王，秦王必解③，而社稷幸得血食④。"其后李信追丹，丹匿衍水⑤中，燕王乃使使斩太子丹，欲献之秦。秦复进兵攻之。后五年⑥，秦卒灭燕，虏燕王喜。

【注释】

① 益：增加。诣：往，到……去。
② 拔：攻克，占领。
③ 解：缓解、和解。
④ 血食：享受祭祀。因为祭祀时要杀牛、羊、豕三牲，所以叫血食。
⑤ 衍水：今辽宁东部太子河。
⑥ 后五年：即公元前222年。

【译文】

　　于是秦王大发雷霆，增派军队前往赵国，命令王翦的军队去攻打燕国，十月就攻克了燕都蓟城。燕王喜、太子丹等率领着全部精锐部队向东退守辽东。秦将李信紧追燕王不放，代王嘉于是写信给燕王喜说："秦军之所以追击燕军特别急迫，是因为太子丹的缘故。现在您如果杀掉太子丹，把他的人头献给秦王，一定会得到秦王的宽恕，而燕国或许也侥幸得以保存。"此后李信率军追杀太子丹，太子丹隐藏在衍水河中，燕王就派使者杀了太子丹，准备把他的人头献给秦王。秦王又进军攻打燕国。此后过了五年，秦国终于灭掉了燕国，俘虏了燕王喜。

　　其明年，秦并天下，立号为皇帝。于是秦逐太子丹、荆轲之客，皆亡①。高渐离变名姓为人庸保②，匿作于宋子③。久之，作苦，闻其家堂上客击筑，傍徨不能去。每出言曰："彼有善有不善。"从者以告其主，曰："彼庸乃知音，窃言是非。"家丈人④召使前击筑，一坐⑤称善，赐酒。而高渐离念久隐畏约无穷时，乃退，出其装匣中筑与其善衣，更容貌而前。举坐客皆惊，下与抗礼⑥，以为上客。使击筑而歌，客无不流涕而去者。宋子传客之⑦，闻于秦始皇。秦始皇召见，人有识者，乃曰："高渐离也。"秦皇帝惜其善击筑，重赦之，乃矐其目⑧。使击筑，未尝不称善。稍益近之，高渐离乃以铅置筑中，复进得近，举筑朴⑨秦皇帝，不中。于是遂诛高渐离，终身不复近诸侯之人。

【注释】

① 亡：隐匿。
② 庸保：佣工。庸，同"佣"，被雇用的人。
③ 宋子：地名，本赵邑，在河北赵县北。
④ 丈人：东家，主人。
⑤ 一：全，整。坐：同"座"。
⑥ 抗礼：用平等的礼节接待。
⑦ 传客之：轮流请他做客。
⑧ 瞑其目：弄瞎他的眼睛。瞑，使眼睛失明。
⑨ 朴：通"扑"，扑打，撞击。

【译文】

　　第二年，秦王吞并了天下，立号为皇帝。于是通缉太子丹和荆轲的门客，门客们都潜逃了。高渐离更名改姓给人家当佣人，隐藏在宋子。时间久了，劳作累时，高渐离听到主人家堂上有客人击筑，便徘徊着舍不得离开。常常张口评点说："那人击筑有的合调，有的不合调。"侍从就把高渐离的话告诉了主人，说："那个佣工懂得音乐，私下说是道非。"主人叫高渐离到堂前击筑，满座宾客都说他击得好，赏给他酒喝。高渐离考虑到长久隐姓埋名、担惊受怕、贫贱地躲藏下去没有尽头，便退下堂来，把自己的筑和衣裳从行装匣子里拿出来，改装整容来到堂前。满堂宾客都大吃一惊，离开座位用平等的礼节接待他，并尊他为上宾。请他击筑唱歌，宾客们听了，都被感动得流着泪离去。宋子城里的人轮流请他去做客，这消息被秦始皇听到。秦始皇召令进见，有认识他的人，就说："这是高渐离。"秦始皇怜惜他擅长击筑，特别赦免了他的死罪。于是弄瞎了他的眼睛，让他击筑，没有一次不说好。渐渐地更加接近秦始皇，高渐离便把铅放进筑中，再进宫击筑靠近秦始皇时，就举筑扑打撞击秦始皇，却没有击中。于是秦始皇就杀了高渐离，终身不敢再接近从前东方六国的人了。

鲁勾践已闻荆轲之刺秦王，私曰："嗟乎，惜哉其不讲①于刺剑之术也！甚矣吾不知人也！曩者吾叱之，彼乃以我为非人②也！"

【注释】

① 讲：讲究，精通。

② 非人：不是同类人。

【译文】

鲁勾践听到荆轲行刺秦王的事，私下说："唉！太可惜啦，他不精通刺剑的技术啊，我太不了解这个人了！过去我呵斥他，他就以为我不是他志同道合的人了。"

太史公曰：世言荆轲，其称太子丹之命①，"天雨②粟，马生角"也，太过③。又言荆轲伤秦王，皆非也。始公孙季功、董生与夏无且游，具知其事，为余道之如是。自曹沫至荆轲五人，此其义④或成或不成，然其立意较然⑤，不欺⑥其志，名垂后世，岂妄⑦也哉！

【注释】

① 命：运气，命运。

② 雨：下雨。

③ 过：过分，玄虚。

④ 义：义举，指行刺活动。

⑤ 立意：立下的志愿。较然：清楚，明白。

⑥ 欺：违背，辱没。
⑦ 妄：虚妄，荒诞。

【译文】

　　太史公说：社会上谈论荆轲，当说到太子丹的命运时，说什么"天上像下雨一样落下粮食来，马头长出角来"，这太荒诞了。又说荆轲刺伤了秦王，这都不是事实。当初公孙季功、董生和夏无且交游，都知道这件事，他们告诉我的就像我记载的。从曹沫到荆轲五个人，他们的侠义之举有的成功，有的不成功，但他们的志向意图都很清楚明朗，都没有违背自己的良心，名声流传到后代，这难道是虚妄的吗！

樊哙列传

舞阳侯①樊哙者,沛②人也。以屠狗为事,与高祖俱隐③。

【注释】

① 舞阳侯:樊哙生前的最后封号。舞阳:古邑名,在今河南舞阳县。
② 沛:县名,在今江苏沛县东。
③ 高祖:刘邦。西汉王朝的创建者。俱隐:这里指为了避祸,樊哙和刘邦曾一同隐藏在今河南永城市的芒山和砀山一带。隐,藏匿。

【译文】

舞阳侯樊哙是沛县人。樊哙以杀狗为职业,为了避祸,曾经和汉高祖刘邦一起隐藏在芒山和砀山一带。

初从高祖起丰①,攻下沛。高祖为沛公,以哙为舍人②。从攻胡陵、方与③,还守丰,击泗水监丰下④,破之。复东定沛,破泗水守薛⑤西。与司马夷战砀⑥东,却敌⑦,斩首十五级,赐爵国大夫⑧。常从,沛公击章邯军濮阳⑨,攻城先登,斩首二十三级,赐爵列大夫⑩。复常从,从攻城阳⑪,先登。下户牖⑫,破李由⑬军,斩首十六级,赐上间爵⑭。从攻围东郡守尉于成武⑮,却敌,斩首十四级,捕虏十一人,赐爵五大夫⑯。从击秦军,出亳⑰南。河间守军于杠里⑱,破之。击破赵贲军开封⑲北,以却敌先登,斩候⑳一人,首六十八级,捕虏二十七人,赐爵卿㉑。从攻破杨熊军于曲遇㉒。攻宛陵㉓,先登,斩首八级,捕虏四十四人,赐爵封,号贤成君㉔。从攻长社、辗辕㉕,绝河津㉖,东攻秦军于尸㉗，南攻秦军于犨㉘。破南阳守齮于阳城㉙。东攻宛㉚城，先登。西至郦㉛，以却敌，斩首二十四级，捕虏四十人，赐重封。攻武关㉜，至霸上㉝，斩都尉㉞一人，首十级，捕虏百四十六人，降卒二千九百人。

【注释】

① 丰：古邑名，在今江苏丰县。

② 舍人：官名，战国、汉初的王公贵族左右亲近的随行官员。

③ 胡陵：县名，在今山东鱼台县东南。方与：县名，在今山东鱼台县。

④ 泗水：郡名，在今江苏沛县。监：官名。秦时在郡里设置郡守、郡尉、郡监三个主要官吏。下：附近，一带。

⑤ 守：郡守，郡的行政长官。薛：县名，在今山东滕州东南。

⑥ 砀：县名。

⑦ 却敌：打退敌军。却，退却。使动用法。

⑧ 国大夫：即官大夫。秦、汉时爵位名。当时爵位分二十等，官大夫为第六等爵位。

⑨ 章邯：秦末大将，率军镇压以陈胜为首的农民起义军，后投降项羽，楚、汉战争中兵败自杀。濮阳：县名，在今河南濮阳县西南。

⑩ 列大夫：即公大夫，秦、汉时第七等爵位。

⑪ 城阳：县名，在今山东鄄城县。

⑫ 户牖：乡名，在今河南原阳县北。

⑬ 李由：秦朝丞相李斯的儿子，当时任三川郡的郡守。

⑭ 上间爵：爵位名，此爵不在二十等爵位之内。

⑮ 东郡：郡名，在今河南濮阳县西南。成武：县名，在今山东成武县。

⑯ 五大夫：秦、汉时第九等爵位名。

⑰ 亳：古都邑名。

⑱ 河间：郡名，汉高祖设置，在今河北献县东南。杠里：县名，在

今山东鄄城县。

⑲ 开封：县名，在今河南开封市南。

⑳ 候：军候。古代军队中负责侦察敌情的军官。

㉑ 赐爵卿：赐给卿一级的爵位。

㉒ 曲遇：即曲遇聚，古城镇名，在今河南中牟县。

㉓ 宛陵：古城镇名，在今河南新郑东北。

㉔ 贤成君：封爵以外加的美称。贤成，美名，非地名。

㉕ 长社：古邑名，在今河南长葛。镮辕：山名，在今河南偃师县东南，与巩义、登封交界，因山路盘旋而得名。

㉖ 河津：指平阴津，是黄河重要渡口之一，在今河南孟津县东。

㉗ 尸：尸乡，在今河南偃师县西。

㉘ 犨：古邑名，在今河南鲁山县东南。

㉙ 南阳：郡名，在今河南南阳市，辖境在今河南省西南部和湖北省西北部一带。阳城：即堵阳城，在今河南方城县东。

㉚ 宛：县名，在今河南南阳市。

㉛ 郦：县名，在今河南内乡县东北。

㉜ 武关：在今陕西丹凤县。

㉝ 霸上：地名，在今陕西西安市东，是古代军事要地。

㉞ 都尉：地位比将军稍低的武官。

【译文】

　　最初樊哙跟随高祖在丰邑起兵，攻下沛县。高祖做了沛公，用樊哙为舍人。樊哙跟随沛公进攻胡陵、方与，回军驻守丰邑，在丰邑一带进攻泗水郡郡监的军队，打败了他们。又向东平定了沛县，在薛县西面打败了泗水郡郡守的军队。在砀县以东跟司马夷交战，打退了敌军，斩首十五级，沛公赐他国大夫的爵位。樊哙经常跟随沛公，沛公在濮阳攻击章邯的军队，攻城时樊哙最先登上城楼，斩首二十三级，沛公赐他列大夫的爵位。后跟随沛公进攻城阳，樊哙又最先登城。接着攻下户牖，打垮李由的军队，斩首十六级，沛公赐给他上间爵位。樊哙跟随沛公把东郡郡守和郡尉包围在成武，打退了敌军，斩首十四级，俘虏十一人，沛公赐他五大夫的爵位。樊哙跟从沛公袭击秦军，经过亳邑以南。河间郡郡守的军队驻扎在杠里，樊哙率军打败了他们。樊哙在开封北面打败赵贲的军队，因为击退敌军，领先登城，斩杀敌军军候一人，斩首六十八级，俘虏二十七人，沛公赐他卿的爵位。又跟随沛公在曲遇聚打垮杨熊的军队。在进攻宛陵时，樊哙首先登城，斩首八级，俘虏四十四人，沛公赐给他贤成君的封号。樊哙随从沛公进攻长社、轘辕，断绝了黄河的平阴津渡口，向东在尸乡一带进攻秦军，又向南攻打犨邑的秦军。在阳城打垮南阳郡郡守吕的军队。向东攻打宛城，樊哙首先登城。之后回军向西，在郦县击退敌军，斩首二十四级，俘虏四十人，沛公又给樊哙增加封赏。接着樊哙进军武关，来到霸上，斩杀都尉一人，斩首十级，俘虏一百四十六人，收降士兵二千九百人。

项羽在戏①下，欲攻沛公。沛公从百余骑因项伯②面见项羽，谢无有闭关事③。项羽既飨④军士，中酒⑤，亚父⑥谋欲杀沛公，令项庄⑦拔剑舞坐中，欲击沛公，项伯常屏蔽之。时独沛公与张良⑧得入坐，樊哙在营外，闻事急，乃持铁盾入到营。营卫止哙，哙直撞入，立帐下。项羽目之，问为谁。张良曰："沛公参乘⑨樊哙。"项羽曰："壮士。"赐之卮酒彘肩⑩。哙既饮酒，拔剑切肉食，尽之。项羽曰："能复饮乎？"哙曰："臣死且不辞，岂特卮酒乎！且沛公先入定咸阳，暴师⑪霸上，以待大王。大王今日至，听小人之言，与沛公有隙，臣恐天下解⑫，心疑大王也。"项羽默然。沛公如厕，麾⑬樊哙去。既出，沛公留车骑，独骑一马，与樊哙等四人步从，从间道⑭山下归走霸上军，而使张良谢项羽。项羽亦因遂已，无诛沛公之心矣。是日微樊哙奔入营谯让⑮项羽，沛公事几殆⑯。

【注释】

① 戏：戏水，在今陕西临潼东，发源于骊山，向北流入渭河。
② 项伯：名缠，字伯，项羽的叔父，曾任楚君左尹。因在鸿门帮助刘邦脱险，汉初被封为射阳侯。
③ 闭关事：指刘邦进入咸阳后，想在关中称王，派兵把守函谷关，阻止其他诸侯进入。
④ 飨：用酒食款待人。
⑤ 中酒：酒酣，酒兴正浓时。
⑥ 亚父：次于父，是一种尊称。这里指范增，项羽的主要谋臣。
⑦ 项庄：项羽的堂弟。
⑧ 张良：字子房，是刘邦的重要谋臣，汉初被封为留侯。
⑨ 参乘：即骖乘，也叫陪乘，如同后来的近侍警卫。
⑩ 卮：古代一种圆底的酒杯。彘肩：猪腿。彘，猪。
⑪ 暴师：此指驻军霸上，未进入宫室。
⑫ 解：解体，分裂。
⑬ 麾：指用手示意，叫樊哙出来。
⑭ 间道：小道，小路。
⑮ 遂已：满足了心意。遂，顺，从。已，止。微：非，没有。谯让：谴责。谯，责。
⑯ 殆：危险。

【译文】

　　项羽的军队驻扎在戏水一带，准备进攻沛公。沛公带领一百多骑兵，通过项伯来面见项羽，向项羽谢罪，说明没有封锁关口的事。项羽用酒肉款待沛公的随从将士，酒喝到正酣畅的时候，亚父企图谋杀沛公，让项庄在席前舞剑，想趁机击杀沛公，项伯用身体保护沛公。这时只有张良一人陪护沛公进入营帐坐下。樊哙在营门外听说事情紧急，就带剑持盾来到军门。守门的卫士阻止樊哙，樊哙径直闯了进去，站在帐幕下。项羽注视着他,问是谁。张良说:"是沛公的参乘樊哙。"项羽说:"壮士!"就赐给他一杯酒和一条猪腿。樊哙喝完了酒,就拔剑切肉,把一条猪腿全部吃光了。项羽说:"能再喝酒吗?"樊哙说:"我死尚且不推辞,难道独怕喝一杯酒吗!再说沛公首先进入并平定咸阳,不进住宫室而驻军霸上,以等待大王。大王今天一到,就听信小人的谗言,与沛公有了隔阂。我恐怕天下从此分裂瓦解,人们心里怀疑大王呢。"项羽沉默不语。沛公起身上厕所,示意樊哙出去。出了军营,沛公留下车马,只骑了一匹马,樊哙等四人步行随从,从山间小道跑回霸上军营,而叫张良向项羽辞谢。项羽也就因此作罢,没有诛杀沛公的念头了。那天要是没有樊哙闯入营帐责备项羽,沛公的事业几乎就完了。

明日,项羽入屠咸阳①,立沛公为汉王。汉王赐哙爵为列侯,号临武侯。迁为郎中②,从入汉中③。

【注释】

① 咸阳:秦王朝的国都,在今陕西咸阳市东北。
② 郎中:皇帝的侍从官,在内充当侍卫,在外随从征伐。
③ 汉中:郡名,在今陕西汉中市东。

【译文】

第二天,项羽领兵进入咸阳,大肆烧杀,封沛公为汉王。汉王封樊哙为列侯,称为临武侯。又提升樊哙为郎中,跟随汉王进入汉中。

还定三秦①,别击西丞白水②北,雍轻车骑于雍③南,破之。从攻雍、斄④城,先登。击章平军好畤⑤,攻城,先登陷阵,斩县令、丞各一人,首十一级,虏二十人,迁郎中骑将。从击秦车骑壤⑥东,却敌,迁为将军。攻赵贲,下郿、槐里、柳中⑦、咸阳;灌废丘⑧,

最⑨。至栎阳⑩，赐食邑杜之樊乡⑪。从攻项籍，屠煮枣⑫。击破王武、程处军于外黄⑬。攻邹、鲁、瑕丘⑭、薛。项羽败汉王于彭城⑮，尽复取鲁、梁地⑯。哙还至荥阳⑰，益食平阴⑱二千户，以将军守广武⑲。一岁，项羽引而东。从高祖击项籍，下阳夏⑳，虏楚周将军卒四千人。围项籍于陈㉑，大破之。屠胡陵。

【注释】

① 三秦：指项羽以原秦王朝的关中地区分封章邯为雍王、司马欣为塞王、董翳为翟王的三个诸侯国，它们都在原来秦国的地方，故合称"三秦"。

② 西：即西县，在今甘肃省天水市西南。白水：水名。出甘肃武都，经西县东南流。

③ 雍：指雍王章邯。

④ 雍：指雍县，在今陕西凤翔县南。斄：县名，在今陕西武功县。

⑤ 章平：章邯的儿子。好畤：县名，在今陕西乾县东。

⑥ 壤：壤乡，乡名。在今陕西武功县东南。

⑦ 郿：县名，在今陕西眉县。槐里：县名，在今陕西兴平市东南。柳中：即细柳，古地名，在今陕西咸阳市西南渭河北岸。

⑧ 废丘：也叫犬丘，邑名，在今陕西兴平市东南。秦代名"废丘"。

⑨ 最：功劳最多。

⑩ 栎阳：县名，在今陕西临潼县东北。

⑪ 食邑：也叫"采邑"。是古代帝王、诸侯封赐给臣下作为世禄的封地。杜：县名，在今陕西西安市东南。樊乡：又叫樊川，在当时的杜县南，即今长安南。

⑫ 煮枣：古邑名，在今山东东明县南。

⑬ 外黄：县名，在今河南杞县东南。

⑭ 邹：县名，在今山东邹县。鲁：鲁城，鲁国的国都，在今山东曲阜县。

瑕丘：地名，在今山东兖州县北。

⑮ 彭城：县名，在今江苏徐州市。

⑯ 鲁：指春秋时鲁国管辖的地区，在今山东省西南部。梁地：指战国时魏国管辖的地区，因国都在大梁(今河南开封市)，所以也称梁地。

⑰ 荥阳：县名，在今河南荥阳东北。

⑱ 益食：增加食邑。平阴：县名，在今河南孟津县东。

⑲ 广武：山名，在今河南荥阳东北。山上有东、西两城，相传为项羽和刘邦所建。当时刘邦守西城，项羽守东城，互相对峙。

⑳ 阳夏：县名，在今河南太康县。

㉑ 陈：县名，在今河南淮阳县。

【译文】

汉王回军平定三秦，樊哙另外率领一支军队在白水北面攻打西城县丞的军队，又在雍县南面打败雍王章邯的车骑部队。随后跟从汉王进攻雍县和斄县的县城，他都带头冲锋，首先登城。在好畤攻打章平的军队，攻城时樊哙首先登城，冲锋陷阵，斩杀县令、县丞各一人，斩首十一级，俘虏二十人，被提升为郎中骑将。后又随汉王在壤乡东面袭击秦军的车骑部队，打退敌军，被提升为将军。进攻赵贲时，攻占郿邑、槐里、柳中、咸阳；引水灌废丘，樊哙的功劳最大。到了栎阳，汉王把杜县的樊乡赐给樊哙作为食邑。樊哙跟从汉王进攻项羽，屠了煮枣城。在外黄击溃了王武和程处的军队。又攻打邹县、鲁城、瑕丘和薛县。项羽在彭城打败汉王，又全部收复了鲁、梁一带。樊哙回到荥阳，汉王又把平阴的两千户封给他作为食邑，让他以将军的身份守卫广武。一年以后，项羽领兵东去。樊哙又跟从汉王追击项羽，攻下了阳夏，俘虏了楚将周将军的士兵四千人。在陈县把项羽包围，把他打得大败，屠杀了胡陵县城。

项籍既死，汉王为帝，以哙坚守战有功，益食八百户。从高帝攻反燕王臧荼[1]，掳荼，定燕地[2]。楚王韩信[3]反，哙从至陈，取信，定楚。更赐爵列侯，与诸侯剖符[4]，世世勿绝，食舞阳，号为舞阳侯，除前所食。以将军从高祖攻反韩王信于代[5]。自霍人以往至云中[6]，与绛侯[7]等共定之，益食千五百户。因击陈豨与曼丘臣[8]军，战襄国[9]，破柏人[10]，先登，降定清河、常山[11]凡二十七县，残东垣[12]，迁为左丞相。破得綦毋卬、尹潘军于无终、广昌[13]。破豨别将胡人王黄军于代南，因击韩信军于参合[14]。军所将卒斩韩信，破豨胡骑横谷[15]，斩将军赵既，虏代丞相冯梁、守孙奋、大将王黄、将军、太仆[16]解福等十人。与诸将共定代乡邑七十三。其后燕王卢绾[17]反，哙以相国击卢绾，破其丞相抵蓟[18]南，定燕地，凡县十八，乡邑五十一。益食邑千三百户，定食舞阳五千四百户。从[19]斩首百七十六级，虏二百八十八人。别[20]破军七，下城五，定郡六，县五十二，得丞相一人，将军十二人，二千石以下至三百石十一人。

【注释】

① 燕王臧荼：臧荼，原为燕王韩广的部将，曾随项羽救赵，又跟从入关，被封为燕王，后背楚归汉，高祖五年，因反叛被俘。

② 燕地：这里指燕王臧荼所统辖的地区，主要在河北省北部。

③ 韩信：秦末农民大起义中，先随从项羽，后投靠刘邦，曾自立为齐王，刘邦徙封他为楚王，后降为淮阴侯。高祖十一年，因图谋反叛被吕后所杀。

④ 剖符：封功臣时，把表示凭证的符分为两半，朝廷和被封的人各执一半，以示信用。

⑤ 韩王信：战国韩襄王的后代，曾引兵随刘邦到汉中，担任过韩国的太尉，后被封为韩王，高祖七年投降匈奴。一般称他为韩王信，以区别淮阴侯韩信。代：指代地，在今山西大同市以东和河北张

家口市以西的部分地区。

⑥ 霍人：古邑名，在今山西繁峙县北。云中：县名，在今内蒙古自治区托克托县东北。

⑦ 绛侯：即周勃，刘邦的重要将领。

⑧ 陈豨：刘邦的将领，汉初任赵国的相国。高祖十年，勾结匈奴发动叛乱，后战败被杀。曼丘臣：韩王信的将领，跟随韩王信举兵反叛，战败后潜逃投降了匈奴。

⑨ 襄国：县名，在今河北邢台市西南。

⑩ 柏人：县名，在今河北内丘县东北。

⑪ 清河：郡名，在今河北清河县东南。常山：郡名，在今河北元氏县西北。

⑫ 东垣：县名，在今河北石家庄市东北。

⑬ 无终：县名，在今天津蓟县。广昌：县名，在今河北涞源县北。

⑭ 参合：县名，在今山西阳高县。

⑮ 横谷：县名，在今河北蔚县西北。

⑯ 太仆：九卿之一。皇帝或诸侯王手下掌管车马的官。

⑰ 卢绾：曾跟随刘邦起兵，汉初被封为燕王，后投降匈奴。

⑱ 抵：人名。蓟：县名，金代改名为大兴，在今北京市西南。

⑲ 从：跟从。此指跟从刘邦。

⑳ 别：另外。这里指另率一支军队作战。

【译文】

　　项羽死后，汉王做了皇帝，因为樊哙攻坚守城屡立战功，加封食邑八百户。樊哙跟随高帝攻打举兵反叛的燕王臧荼，俘虏了臧荼，平定了燕地。楚王韩信谋反，樊哙跟随高帝到了陈县，逮捕了韩信，安定了楚地。高帝改赐列侯爵位，与诸侯剖符定封，世代相传。把舞阳赐给樊哙作为食邑，号为舞阳侯，除去以前所封的食邑。后来，樊哙作为将军跟从高帝去代地攻打反叛的韩王信。从霍人城一直打到云中县，和绛侯周勃等人共同平定了代地，给樊哙增加食邑一千五百户。因为攻击陈豨与曼丘臣的军队，在襄国大战，拿下了柏人县，又带头冲锋，首先登城，降服平定了清河、常山两郡的二十七个县，捣毁了东垣县县城，被提升为左丞相。在无终、广昌一带打垮了綦毋印和尹潘的军队，并俘虏了綦毋印和尹潘。在代地南部打败陈豨部将匈奴人王黄的军队。趁势到参合县袭击韩信的军队。樊哙的部下斩了韩信，在横谷打败了隶属于陈豨的匈奴骑兵，斩了将军赵既，俘虏了代国丞相冯梁、郡守孙奋、大将王黄、将军、太仆解福等十人。樊哙和将领们共同平定了代地七十三个乡邑。以后燕王卢绾谋反，樊哙作为相国领兵前去攻打。在蓟县以南打败燕国的丞相抵，平定了燕地的十八个县，五十一个乡邑。高帝给樊哙加封食邑一千三百户，把他的食邑确定在舞阳，共五千四百户。樊哙跟随高帝作战，共斩首一百七十六级，俘虏二百八十八人。另外，他率军作战，共打垮七支敌军，攻下五座城池，平定了六个郡、五十二个县，俘获丞相一人，将军十二人，二千石以下至三百石的官员十一人。

哙以吕后女弟吕须①为妇，生子伉，故其比诸将最亲。

【注释】

① 吕后：刘邦的妻子。名雉，字娥姁。女弟：妹妹。吕须：樊哙的妻子。吕后执政时被封为临光侯。

【译文】

樊哙娶了吕后的妹妹吕须做妻子，生了个儿子叫樊伉，因此高祖和樊哙的关系比其他将领更为亲近。

先黥布①反时，高祖尝病甚，恶见人，卧禁中②，诏户者无得入③群臣。群臣绛、灌④等莫敢入。十余日，哙乃排闼⑤直入，大臣随之。上独枕一宦者⑥卧。哙等见上流涕曰："始陛下与臣等起丰沛，定天下，何其壮也！今天下已定，又何惫也！且陛下病甚，大臣震恐，不见臣等计事，顾独与一宦者绝⑦乎？且陛下独不见赵高⑧之事乎？"高帝笑而起。

【注释】

① 黥布：原名英布。因犯法受过黥刑（面上刺字），所以叫他黥布。秦末率刑徒起兵，先依附项羽，被封为九江王；后反楚降汉，被封为淮南王。高祖十二年（前195）举兵反叛，战败被杀。
② 禁中：宫中。
③ 户者：守卫门户的人。入：使入，让入，使动用法。
④ 绛：即绛侯周勃。灌：即灌婴，刘邦的重要将领。
⑤ 排闼：推门。闼，宫中小门。
⑥ 宦者：宦官，后来也称太监。
⑦ 顾：却。绝：临终诀别。
⑧ 赵高：秦朝的宦官，曾任中车府令。秦始皇在沙丘病死以后，他串通丞相李斯发动宫廷政变，伪造秦始皇遗诏，逼死公子扶苏，立胡亥为二世皇帝。后又杀害李斯，自己做了丞相，独揽大权。最后他又逼二世自杀，立二世的侄子子婴为秦王，后被子婴所杀。

【译文】

以前黥布反叛时，高祖身患重病，躺在宫中不愿意见人，命令门卫不准群臣进入宫内。大臣绛侯周勃、颍阴侯灌婴等都不敢进去。十多天后，樊哙推开门径直闯了进去，大臣们也都跟随他进去。只见皇上独自枕着一个宦官躺着。樊哙等人看到皇上流着泪说："当初陛下率领我们在丰邑、沛县起兵，平定天下，那是何等壮举啊！如今天下已经平定，又是何等疲惫啊！再说陛下病势沉重，大臣们都震惊恐惧。陛下不召见我们商议国事，却只和一个宦官诀别吗？况且陛下难道忘记了赵高的事情吗？"高帝笑着从床上起来了。

其后卢绾反，高帝使哙以相国击燕。是时高帝病甚，人有恶哙党①于吕氏，即上一日宫车晏驾②，则哙欲以兵尽诛灭戚氏、赵王如意③之属。高帝闻之大怒，乃使陈平④载绛侯代将，而即军中斩哙。陈平畏吕后，执哙诣长安⑤。至则高祖已崩⑥，吕后释哙，使复爵邑。

【注释】

① 恶：恶语伤人，说人坏话。党：结党。
② 即：即使，如果。一日：一旦。宫车：皇帝在宫中乘坐的一种车辆。此用作皇帝的代称。宫车晏驾：是皇帝去世的一种避讳的说法。
③ 戚氏：戚夫人，刘邦的妃嫔，赵王如意的母亲。赵王如意：刘邦的第三个儿子，后被吕后杀害。
④ 陈平：刘邦的重要谋臣，后任丞相。
⑤ 诣：到。长安：西汉王朝的国都，在今陕西西安市西北。
⑥ 崩：古代称皇帝死为"崩"。

【译文】

后来卢绾谋反，高帝派遣樊哙以相国身份率军攻打燕国。这时高帝病势更加沉重，有人毁谤樊哙勾结吕氏，说如果皇上一旦去世，樊哙就要派兵将戚夫人和赵王如意等全部杀害。高帝听说后大为震怒，就派陈平乘车送周勃去代替樊哙统帅军队，并将樊哙就地斩首。陈平畏惧吕后，把樊哙逮捕送到长安。回到长安时，高祖已经去世，吕后释放了樊哙，恢复了他的爵位和食邑。

孝惠六年①，樊哙卒②，谥为武侯。子伉代侯。而伉母吕须亦为临光侯，高后时用事专权，大臣尽畏之。伉代侯九岁，高后崩。

大臣诛诸吕、吕须眷属，因诛伉。舞阳侯中绝数月。孝文帝③既立，乃复封哙他庶子④市人为舞阳侯，复故爵邑。市人立二十九岁卒，谥为荒侯。子他广代侯。六岁，侯家舍人得罪他广，怨之，乃上书曰："荒侯市人病不能为人⑤，令其夫人与其弟乱而生他广，他广实非荒侯子，不当代后。"诏下吏。孝景中六年⑥，他广夺侯为庶人⑦，国除。

【注释】

① 孝惠：刘盈的谥号。孝惠六年，即公元前189年。
② 卒：死。
③ 孝文帝：刘恒，刘邦的第四个儿子。
④ 庶子：古时称姬妾所生的儿子为庶子。
⑤ 不能为人：不能生育子女。为人，生殖，指性交。
⑥ 孝景：汉景帝刘启，公元前157年至前141年在位。中六年：中元六年，即公元前144年。
⑦ 庶人：平民。

【译文】

惠帝六年，樊哙去世，谥号为武侯。其子樊伉代替为侯。樊伉的母亲吕须也被封为临光侯，吕后管事揽权，大臣们都惧怕她。樊伉代替为侯九年，吕后去世。大臣们诛杀吕氏家族和吕须的亲属，因而杀了樊伉。舞阳侯的爵位中断了几个月。孝文帝即位后，立樊哙庶出的儿子樊市人为舞阳侯，恢复了原来的爵位和食邑。樊市人袭爵位二十九年去世，谥号为荒侯。他的儿子樊他广继承侯位。六年后，舞阳侯家里的舍人得罪了樊他广，舍人怨恨他，就上书说："荒侯市人有病不能生育子女，就让他的妻子和他的弟弟发生关系，生了他广。他广实际上不是荒侯的儿子，不应当继承侯位。"皇帝诏令官吏处理，于景帝中元六年,夺回他广的侯位,贬为平民,废除了封国。

太史公曰:吾适①丰、沛,问其遗老,观故萧、曹、樊哙、滕公②之家,及其素③,异哉所闻!方其鼓刀屠狗卖缯之时,岂自知附骥④之尾,垂名汉廷,德流子孙哉?余与他广通⑤,为言高祖功臣之兴时若此云。

【注释】

① 适:往,到。

② 萧:萧何。曹:曹参。滕公:夏侯婴。都是刘邦的开国大臣。

③ 素:平素。此指平素为人。

④ 附骥:比喻依附他人而成名。

⑤ 余:我。通:有交往。

【译文】

太史公说:我到丰邑、沛县,访问那里的遗老,观看萧何、曹参、樊哙、夏侯婴的故居,了解他们平素的为人,所听到的非常奇异!当他们操刀杀狗、贩卖丝绸的时候,哪里会想到通过依附别人使自己名垂汉廷,德惠施于子孙呢!我和樊他广有所交往,他所讲的高祖功臣们兴起时候的情况就是这样。

郦商列传

曲周侯[1]郦商者,高阳[2]人。陈胜[3]起时,商聚少年东西略[4]人,得数千。沛公略地至陈留[5],六月余,商以将卒四千人属沛公于岐[6]。从攻长社[7],先登,赐爵封信成君。从沛公攻缑氏[8],绝河津[9],破秦军洛阳[10]东。从攻下宛、穰[11],定十七县。别将攻旬关[12],定汉中[13]。

【注释】

[1] 曲周侯:郦商生前的最后封号。曲周,县名,在今河北曲周县。
[2] 高阳:地名,在今河南杞县。
[3] 陈胜:字涉,秦末农民起义的领袖。
[4] 略:带强制性的争取。
[5] 沛公:刘邦。陈留:县名,在今河南开封市陈留镇。
[6] 岐:地名,在今河南开封市陈留镇附近。
[7] 长社:古邑名,在今河南长葛西。
[8] 缑氏:县名,在今河南偃师县。
[9] 河津:指平阴津,在今河南孟津县东,是黄河重要渡口之一。
[10] 洛阳:古都邑名,在今河南洛阳市东北。
[11] 宛:县名,在今河南南阳。穰:古邑名,在今河南邓州东南。
[12] 旬关:古关名,在今陕西旬阳县。
[13] 汉中:古郡名,因地处汉水上游而得名,在今陕西汉中市东,辖境大约包括陕西省秦岭南部和湖北省西北部。

【译文】

　　曲周侯郦商是高阳人。陈胜起兵时,郦商聚集了一伙年轻人到处征召,得到了几千人。沛公刘邦率军到陈留,六个多月后,郦商率领四千将校和士兵在岐地归属沛公。郦商跟随沛公进攻长社,最先登城,沛公赐给他信成君的封号。又随从沛公进攻缑氏,封锁黄河上的平阴津渡口,在洛阳以东打败秦军。跟着沛公打下宛县和穰县,平定了十七个县城。郦商随后率军进攻旬关,平定了汉中。

　　项羽灭秦,立沛公为汉王。汉王赐商爵信成君,以将军为陇西都尉①。别将定北地、上郡②。破雍将军焉氏③,周类军枸邑④,苏驵军于泥阳⑤。赐食邑武成⑥六千户。以陇西都尉从击项籍军五月,出巨野⑦,与钟离眛⑧战,疾斗,受梁相国印,益食邑四千户。以梁相国将从击项羽二岁三月,攻胡陵⑨。

【注释】

① 陇西:郡名,辖境为今甘肃省东南部,郡治临洮(今甘肃岷县)。
　都尉:官名,比将军级别稍低的武官。
② 北地:郡名,在今甘肃宁县西北。辖境包括今甘肃平凉和宁夏回族自治区固原一带。上郡:郡名,在今陕西榆林县东南。辖境包括今陕西省北部及内蒙古自治区黄河河套南部地区。
③ 雍将军:雍王章邯的将军。焉氏:县名,在今甘肃泾川县东。
④ 枸邑:县名,在今陕西旬邑县县城。
⑤ 泥阳:古邑名,在今甘肃宁县东南。
⑥ 武成:县名,在今陕西华县东北。
⑦ 巨野:县名,在今山东巨野县东北。
⑧ 钟离眛:复姓钟离,名眛,项羽的名将。
⑨ 胡陵:县名,在今山东鱼台县东南。

【译文】

项羽灭亡了秦朝，封沛公为汉王。汉王封郦商为信成君，让他以将军身份担任陇西的都尉。郦商又独自率军平定了北地和上郡。在焉氏打败雍王章邯的将军统率的军队，在栒邑打败周类的军队，在泥阳打败苏驵的军队。汉王把武成县的六千户赐给郦商，作为食邑。郦商以陇西都尉身份跟随汉王同项羽作战五个月。郦商率军经过巨野，与钟离眜交战，战斗异常激烈，汉王授予郦商梁国相国印，增加食邑四千户。郦商又以梁国相国的身份率兵跟随汉王攻打项羽达两年零三个月，攻克了胡陵。

项羽既已死，汉王为帝。其秋，燕王臧荼①反，商以将军从击荼，战龙脱②，先登陷阵，破荼军易③下，却敌，迁为右丞相，赐爵列侯，与诸侯剖符④，世世勿绝，食邑涿⑤五千户，号曰涿侯。以右丞相别定上谷⑥，因攻代⑦，受赵相国印。以右丞相赵相国别与绛侯等定代、雁门⑧，得代丞相程纵、守相⑨郭同、将军以下至六百石十九人。还，以将军为太上皇卫一岁七月。以右丞相击陈狶⑩，残东垣⑪。又以右丞相从高帝击黥布⑫，攻其前拒⑬，陷两陈，得以破布军，更食曲周五千一百户，除前所食。凡别破军三，降定郡六，县七十三，得丞相、守相、大将各一人，小将二人，二千石以下至六百石十九人。

【注释】

① 臧荼：原为燕王韩广的部落，曾跟随项羽入关，被封为燕王，后归附刘邦，高祖五年，因反叛被俘。
② 龙脱：地名，在今河北徐水县西。
③ 易：易县，在今河北雄县西北。
④ 剖符：把表示凭证的符，剖开成两半，朝廷和诸侯各执一半，以

示信用。

⑤ 食邑：古代帝王、诸侯封赐给臣下作为世禄的封地。涿：县名，在今河北涿州。

⑥ 上谷：郡名，郡治沮阳，在今河北怀来县东南。辖境为今河北省西北部。

⑦ 代：古郡名，在今河北蔚县西南。

⑧ 雁门：郡名，在今山西右玉县南。辖境为今山西省西北部及内蒙古自治区南部地区。

⑨ 守相：代理丞相。

⑩ 陈豨：刘邦的将领，汉初任赵国的相国，统率赵、代的军队，高祖十年勾结匈奴发动叛乱，后战败被杀。

⑪ 东垣：县名，在今河北正定县南。

⑫ 黥布：原名英布，因犯法受过黥刑（脸上刺字），故叫黥布。秦末率刑徒起兵，先依附项羽，被封为九江王；后反楚降汉，被封为淮南王。高祖十二年举兵反叛，战败被杀。

⑬ 前拒：前沿阵地。

【译文】

项羽死后，汉王即皇帝位。这年秋天，燕王臧荼反叛，郦商以将军身份跟随高帝征讨臧荼。两军在龙脱交战，郦商首先登城，冲锋陷阵，在易县一带打退臧荼的军队，被提升为右丞相，得到列侯的爵位。高帝封赏诸侯，把表示凭证的符分为两半，朝廷和诸侯各执一半，以示信用，让他们世代相传。把涿邑五千户封给郦商作食邑，封号叫涿侯。郦商以右丞相身份率领军队平定上谷，攻打代地，高帝授予他赵国相国印。郦商又作为右丞相和赵相国同绛侯周勃等一起平定了代国和雁门郡，俘获了代国丞相程纵、代理丞相郭同、将军以下至六百石的官员十九人。返回京城，以将军的身份保卫太上皇一年零七个月。郦商以右丞相身份率兵攻打反叛的陈豨，捣毁了东垣县县城。后来还作为右丞相跟随高帝进攻反叛的黥布，郦商领兵向黥布的前沿阵地进攻，夺得两个阵地，从而能够打垮整个黥布的军队。高帝把他的食邑改在曲周，增加到五千一百户，收回以前所封的食邑。郦商总共率军打垮三支敌军，降服平定六个郡，七十三个县，俘获丞相、代理丞相、大将各一人，小将二人，二千石以下至六百石的官员十九人。

商事①孝惠、高后时，商病，不治②。其子寄，字况，与吕禄③善。及高后崩，大臣欲诛诸吕，吕禄为将军，军于北军④，太尉勃⑤不得入北军，于是乃使人劫⑥郦商，令其子况绐⑦吕禄，吕禄信之，故与出游，而太尉勃乃得入据北军，遂诛诸吕。是岁商卒，谥为景侯。子寄代侯。天下称郦况卖交⑧也。

【注释】

① 事：侍奉。
② 不治：不能理事。
③ 吕禄：吕后的哥哥吕释之的儿子，吕后执政时被封为赵王，后被周勃等杀死。
④ 军：进驻。北军：汉代守卫京师的部队，因驻守在长安城北，故称"北军"。
⑤ 太尉：秦、汉时的最高军事长官。勃：即周勃，刘邦的重要将领。
⑥ 劫：威逼，强制。
⑦ 绐：欺骗。
⑧ 卖交：出卖朋友。

【译文】

郦商侍奉孝惠皇帝和吕后时，因有病在身不能理事。郦商的儿子郦寄，字况，与吕禄要好。吕后去世后，大臣们想要诛杀吕氏家族。当时吕禄是将军，驻扎在北军军营，太尉周勃不能进入北军的军营，于是就派人胁迫郦商,让他的儿子郦况去诱骗吕禄。吕禄听信了郦况的话,因此和郦况一起出去游玩,太尉周勃于是进入军营,控制北军,终于诛灭了吕氏家族。这一年郦商去世,谥号为景侯。其子郦寄继承侯位。天下人都说郦况这个人出卖朋友。

孝景前三年,吴、楚、齐、赵反①,上以寄为将军,围赵城,十月不能下。得俞侯栾布自平齐②来,乃下赵城,灭赵,王③自杀,除国。孝景中二年,寄欲娶平原君④为夫人,景帝怒,下寄吏⑤,有罪,夺侯。景帝乃以商他子坚封为缪侯,续郦氏后。缪靖侯卒,子康侯遂成立。遂成卒,子怀侯世宗立。世宗卒,子侯终根立,为太常⑥,坐法⑦,国除。

【注释】

① 吴、楚、齐、赵反:指吴、楚、赵、胶东、胶西、济南、淄川七国发动的武装叛乱。胶西、胶东、淄川、济南都是由原来的齐国分出来的。
② 栾布:原是彭越的家人,后为臧荼的将领,文帝时担任燕国的相国,景帝时参加平定七国之乱,因功被封为俞侯。平齐:指平定了齐地的胶东、胶西、济南、淄川等诸侯国。
③ 王:指赵王刘遂,刘邦的孙子。
④ 平原君:景帝王皇后的母亲臧儿的尊号。
⑤ 下寄吏:把郦寄交给官吏议罪处治。
⑥ 太常:官名。掌管宗庙仪礼的官员,为九卿之一。
⑦ 坐法:即坐罪,因犯法而获罪。

【译文】

孝景帝前元三年,吴国、楚国、齐国、赵国举兵反叛,皇上任郦寄为将军,围攻赵国的都城,十个月没有攻下。等到俞侯栾布平定了齐地各国以后前来助战，才攻下赵国都城，灭亡赵国。赵王刘遂自杀，封国被废除。孝景帝中元二年，郦寄想要娶平原君为妻，景帝恼怒，把郦寄交给法官处置，判定有罪，剥夺了侯位。景帝就将郦商的另一个儿子郦坚封为缪侯，延续郦氏的后代。缪靖侯郦坚去世，儿子康侯郦遂成继位。郦遂成去世，儿子怀侯郦世宗继位。郦世宗去世，儿子郦终根继承侯位，担任太常，因犯法获罪，封国被废除。

灌婴列传

颍阴侯①灌婴者，睢阳贩缯②者也。高祖之为沛公，略地至雍丘③下，章邯败杀项梁④，而沛公还军于砀⑤，婴初以中涓从击破东郡尉于成武及秦军于杠里⑥，疾斗，赐爵七大夫⑦。从攻秦军亳南、开封、曲遇⑧，战疾力，赐爵执帛⑨，号宣陵君。从攻阳武以西至洛阳⑩，破秦军尸⑪北，北绝河津⑫，南破南阳守齮阳城⑬东，遂定南阳郡。西入武关⑭，战于蓝田⑮，疾力，至霸上⑯，赐爵执珪⑰，号昌文君。

【注释】

① 颍阴侯：灌婴生前的最后封号。颍阴，县名，今河南许昌市。
② 睢阳：县名，在今河南商丘南。缯：丝织品的总称。
③ 雍丘：县名，今河南杞县。
④ 章邯：秦末大将，后投降项羽，被封为雍王。项梁：下相（今江苏宿迁）人，楚将项燕的儿子。公元前209年他和侄子项羽起兵反秦。曾率军击败秦将章邯，因轻敌而战死。
⑤ 砀：县名，今安徽砀山县。
⑥ 中涓：官名，皇帝身边的侍臣。东郡尉：东郡的郡尉。东郡在今河南濮阳西南。成武：县名，今山东成武县。杠里：县名，今山东鄄城县南。
⑦ 七大夫：秦、汉时第七等爵位。
⑧ 亳：古邑名，可能在今河南商丘北。开封：县名，今河南开封市南。曲遇：曲遇聚，古城镇名，在今河南中牟县西。

⑨ 执帛：官名，战国时楚国的爵位称谓，官位仅次于执珪。
⑩ 阳武：县名，今河南原阳县东南。洛阳：都邑名，在今河南洛阳市东北。
⑪ 尸：尸乡，在今河南偃师县西。
⑫ 河津：指黄河的重要渡口平阴津，在今河南孟津县东。
⑬ 南阳守：南阳郡的郡守。阳城：即堵阳城，在今河南南阳市东北。
⑭ 武关：在陕西商南县西北，是陕西和河南两省之间的交通要道。
⑮ 蓝田：县名，今陕西蓝田县西。
⑯ 霸上：地名，在今陕西西安市东，是古代军事要地。
⑰ 执珪：官名，战国时楚国的最高爵位。

【译文】

　　颍阴侯灌婴是睢阳县贩卖丝绢的人。高祖刘邦起事做了沛公，攻城略地到了雍丘一带，秦将章邯打垮了项梁的军队，并杀死了项梁，沛公领军回到砀县。当时灌婴作为亲近的中涓官身份跟随沛公，在成武打败了东郡郡尉的军队，在杠里打垮了秦军，战斗激烈，沛公赐给灌婴七大夫的爵位。后跟随沛公在亳县以南和开封、曲遇进攻秦军，战斗中灌婴疾力战，沛公赐给他执帛的爵位，号为宣陵君。灌婴又跟随沛公进攻阳武，向西到达洛阳，在尸乡北面打败了秦军，向北封锁了黄河渡口，向南在阳城东面打垮南阳郡郡守吕齮的军队，于是平定了南阳郡。向西进入武关，在蓝田与秦军交战，灌婴疾力战，来到霸上，沛公赐给他执珪的爵位，号为昌文君。

　　沛公立为汉王，拜婴为郎中①，从入汉中②，十月，拜为中谒者③。从还定三秦④，下栎阳⑤，降塞王⑥。还围章邯于废丘⑦，未拔。从东出临晋关⑧，击降殷王⑨，定其地。击项羽将龙且、魏相项他军定陶⑩南，疾战，破之。赐婴爵列侯，号昌文侯，食杜平乡⑪。

【注释】

① 郎中：官名，皇帝的侍从官，在内充当侍卫，在外随从征伐。
② 汉中：古郡名，在今陕西汉中市东。
③ 中谒者：官名，皇帝身边掌管传达的官员。
④ 三秦：指项羽在关中分封的雍、塞、翟三个诸侯国，它们都在原来秦国的地域，故合称"三秦"。
⑤ 栎阳：县名，今陕西临潼东北。
⑥ 塞王：司马欣。为项羽所封的秦朝降将。
⑦ 废丘：也叫犬丘，古邑名，在今陕西兴平东南。
⑧ 临晋关：也称蒲津关，在今陕西大荔县黄河西岸，是秦、晋之间的险要通道。
⑨ 殷王：司马昂，为项羽所封十八诸侯王之一。
⑩ 定陶：县名，今山东定陶县西北。
⑪ 杜：县名，今陕西西安市东南。平乡：古乡村名，当时属于杜县。

【译文】

沛公被封为汉王，任灌婴为郎中，灌婴跟随汉王进入汉中，十月间，受任为中谒者。灌婴跟随汉王回军平定三秦，攻下栎阳，降服塞王。回军把章邯包围在废丘。废丘没有攻克。灌婴跟从汉王东出临晋关，攻打并降服了殷王，平定了殷王管辖的地区。后在定陶以南与项羽的将领龙且和魏国丞相项他的军队，进行了激烈的战斗，并打垮了他们。汉王赐给灌婴列侯的爵位，号为昌文侯，把杜县的平乡赐给他作食邑。

复以中谒者从降下砀，以至彭城①。项羽击，大破汉王。汉王遁②而西，婴从还，军于雍丘。王武、魏公申徒反，从击破之。攻下黄③，西收兵，军于荥阳④。楚骑来众，汉王乃择军中可为骑将者，皆推故秦骑士重泉⑤人李必、骆甲习骑兵，今为校尉⑥，可为骑将。汉王欲拜之，必、甲曰："臣故秦民，恐军不信臣，臣愿得大王左右善骑者傅⁷之。"灌婴虽少，然数力战，乃拜灌婴为中大夫⁸，令李必、骆甲为左右校尉，将郎中骑兵⁹击楚骑于荥阳东，大破之。受诏别击楚军后，绝其饷道，起阳武至襄邑⁰。击项羽之将项冠于鲁⑪下，破之，所将卒斩右司马⑫、骑将各一人。击破柘公王武，军于燕⑬西，所将卒斩楼烦⑭将五人，连尹⑮一人。击王武别将桓婴白马⑯下，破之，所将卒斩都尉⑰一人。以骑渡河⑱南，送汉王到洛阳，使北迎相国韩信军于邯郸⑲。还至敖仓⑳，婴迁为御史大夫㉑。

【注释】

① 彭城：县名，今江苏徐州市。

② 遁：逃跑。

③ 黄：外黄，县名，今河南兰考东南。

④ 荥阳：县名，今河南荥阳东北，是古代军事要地。

⑤ 重泉：县名，今陕西蒲城东南。

⑥ 校尉：官名，汉代仅次于将军的武官。

⑦ 傅：辅佐。

⑧ 中大夫：官名，御史大夫的顾问官。

⑨ 郎中骑兵：即郎中骑将，武官名。

⑩ 襄邑：县名，今河南睢县。

⑪ 鲁：鲁城，在今山东曲阜县。

⑫ 右司马：主管军马的官员。

⑬ 燕：古国名，今河南延津县东北。

⑭ 楼烦：古族名，春秋末期，分布在今山西宁武、岢岚等地，善于骑马射箭，故称军中善于骑射的人为"楼烦"。

⑮ 连尹：官名，春秋时楚国主管射箭的官员。

⑯ 白马：县名，今河南滑县东。

⑰ 都尉：低于将军的武官。
⑱ 河：黄河。
⑲ 韩信：刘邦的大将军，曾自立为齐王，刘邦徙封为楚王，后降为淮阴侯，高祖十一年，因图谋反叛被杀。这时韩信是赵国的相国。邯郸：古郡名，今河北邯郸市西南。
⑳ 敖仓：敖，地名，在今河南荥阳境内的敖山上。秦时建有大粮仓，故叫"敖仓"。
㉑ 御史大夫：秦、汉时官名，相当于副丞相。

【译文】

灌婴又以中谒者的身份跟从汉王降服了砀县，到达彭城。项羽率军出击，把汉王打得大败。汉王向西逃跑，灌婴跟随汉王回转，驻军雍丘。王武、魏公申徒反叛，灌婴又跟随汉王打垮了他们。攻克外黄，西进收集散兵，到荥阳驻扎下来。楚军骑兵来得多，汉王就在军队中挑选能够担任骑兵将领的人，大家都推荐原来秦军的骑士重泉人李必和骆甲，说他们熟悉骑兵，现在任校尉，可以担任骑兵将领。汉王想任命他们，李必和骆甲说："我们原是秦朝的人，恐怕军中士卒不信任我们，我们愿意辅佐大王身边善于骑射的人。"灌婴虽然年轻，但屡次战斗都勇猛顽强，于是汉王就任灌婴为中大夫，让李必和骆甲担任左右校尉，率领郎中骑将在荥阳以东攻打楚军的骑兵，完全打垮了他们。灌婴接受诏令，独自率军袭击楚军后方，断绝了他们从阳武到襄邑的运粮道路。灌婴在鲁城一带攻打项羽的将军项冠的军队，打垮了他们，所统领的士兵斩了楚军的右司马和骑将各一人。打败了柘公王武的军队，军队驻扎在燕地以西，所统率的士兵斩杀了楼烦骑将五人，连尹一人。在白马一带打败了王武的别部将领桓婴的军队，所统领的士兵斩杀都尉一人。灌婴率领骑兵南渡黄河，护送汉王到洛阳，奉命北上到邯郸迎接相国韩信的军队。回到敖仓，灌婴被提升为御史大夫。

三年，以列侯食邑杜平乡。以御史大夫受诏将郎中骑兵东属相国韩信，击破齐军于历下①，所将卒虏车骑将军华毋伤及将吏四十六人。降下临淄②，得齐守相③田光。追齐相田横至嬴、博④，破其骑，所将卒斩骑将一人，生得骑将四人。攻下嬴、博，破齐将军田吸于千乘⑤，所将卒斩吸。东从韩信攻龙且、留公旋于高密⑥，卒斩龙且，生得右司马、连尹各一人，楼烦将十人，身生得亚将⑦周兰。

【注释】

① 历下：古邑名，在今山东济南市西。
② 临淄：县名，在今山东淄博市东。
③ 守相：代理丞相。
④ 嬴：县名，今山东莱芜西北。博：古邑名，在今山东泰安东南。
⑤ 千乘：古邑名，在今山东高青县高宛镇北。
⑥ 高密：县名，今山东高密西南。
⑦ 亚将：副将。

【译文】

汉王三年，灌婴作为列侯得到杜县平乡的食邑。以御史大夫的身份奉汉王的诏令率领郎中骑兵向东归属相国韩信，在历下打垮齐国的军队，所统领的士兵俘虏了车骑将军华毋伤和将吏四十六人。降服临淄，俘获齐国的代理丞相田光。追击齐国丞相田横，到了嬴县、博邑，击溃了他的骑兵，所统领的士兵斩杀骑将一人，活捉骑将四人。攻克嬴县、博邑以后，在千乘打败齐将田吸的军队，所统领的士兵斩杀了田吸。向东跟从韩信在高密攻打龙且和留公旋的军队，部下士兵斩杀了龙且，生俘右司马和连尹各一人，楼烦骑将十人，灌婴生俘了副将周兰。

齐地已定，韩信自立为齐王，使婴别将击楚将公杲于鲁北，破之。转南，破薛郡①长，身虏骑将一人。攻傅阳②，前至下相以东南僮、取虑、徐③。度淮④，尽降其城邑，至广陵⑤。项羽使项声、薛公、郯公复定淮北。婴渡淮北，击破项声、郯公下邳⑥，斩薛公，下下邳，击破楚骑于平阳⑦，遂降彭城，虏柱国项佗，降留、薛、沛、酂、萧、相⑧。攻苦、谯⑨，复得亚将周兰。与汉王会颐乡⑩。从击项籍军于陈⑪下，破之，所将卒斩楼烦将二人，虏骑将八人。赐益食邑二千五百户。

【注释】

① 薛郡：郡名，在今山东曲阜市。
② 傅阳：古邑名，在今山东枣庄市南。
③ 下相：县名，今江苏宿迁西。僮：古邑名，在今江苏睢宁县。取虑：古邑名，在今江苏睢宁县。徐：古邑名，在今安徽泗县东南。
④ 淮：淮河。
⑤ 广陵：县名，今江苏扬州市。
⑥ 下邳：县名，在今江苏邳州市西南。
⑦ 平阳：县名，在今江苏徐州市西。
⑧ 留：县名，今江苏沛县东南。薛：县名，今山东滕州东南。沛：县名，今江苏沛县。酂：县名，今河南永城西。萧：县名，今安徽萧县西北。相：县名，今安徽濉溪县北。
⑨ 苦：县名，今河南鹿邑县东。谯：县名，在今安徽亳县。
⑩ 颐乡：古乡村名，在今河南鹿邑县南。
⑪ 陈：县名，今河南淮阳县。

【译文】

齐地平定以后，韩信自立为齐王，派灌婴领兵到鲁城以北攻打楚将公杲的军队，大获全胜。继而转军向南，打败了薛郡郡守的军队，亲自俘虏骑将一人。接着进攻傅阳，向前挺进到下相东南的僮城、取虑和徐城。渡过淮河，全部降服那个地区的城邑，到达广陵。项羽派项声、薛公和郯公重新收复了淮北地区。灌婴北渡淮河，在下邳打败了项声和郯公的军队，斩杀了薛公，攻下了下邳，在平阳打败了楚军的骑兵，于是降服彭城，俘虏了柱国项佗，降服了留、薛、沛、酂、萧、相等县。攻打苦、谯二县，再次俘获副将周兰。灌婴与汉王在颐乡会师，跟随汉王在陈县一带攻打项羽的军队，打垮了他们，所统领的士兵斩杀楼烦骑将二人，俘虏骑将八人。汉王赏赐灌婴食邑两千五百户。

项籍败垓下①去也，婴以御史大夫受诏将车骑别追项籍至东城②，破之。所将卒五人共斩项籍，皆赐爵列侯。降左右司马各一人，卒万二千人，尽得其军将吏。下东城、历阳③。渡江④，破吴郡⑤长吴下，得吴守，遂定吴、豫章、会稽郡⑥。还定淮北，凡五十二县。

【注释】

① 垓下：地名，在今安徽灵璧县东南沱河北岸。
② 东城：县名，今安徽定远县东南。
③ 历阳：县名，在今安徽和县。
④ 江：长江。
⑤ 吴郡：郡名，今江苏苏州市。
⑥ 豫章：郡名，今江西南昌市。会稽：郡名，今江苏苏州市。

【译文】

项羽在垓下战败突围，灌婴作为御史大夫奉汉王诏令率领车骑部队追击到东城，打垮了项羽的军马。由灌婴所统领的士兵五人共同斩杀了项羽，后都受赐封为列侯。降服左右司马各一人，士兵一万二千人，俘获了项羽军队中全部的将领和官吏，接着攻克了东城和历阳。后渡过长江，在吴郡一带打垮吴郡的军队，俘获了吴郡郡守，于是平定了吴、豫章与会稽三郡。又回军平定了淮北地区，共五十二个县。

汉王立为皇帝，赐益婴邑三千户。其秋，以车骑将军从击破燕王臧荼①。明年，从至陈，取楚王信。还，剖符②，世世勿绝，食颍阴二千五百户，号曰颍阴侯。

【注释】

① 臧荼：原为燕王韩广的部将，曾跟从项羽入关，被封为燕王。后背楚降汉，高祖五年因反叛被俘。
② 剖符：把表示凭证的符分为两半，朝廷和受封的人各执一半，以示信用。

【译文】

汉王登位做了皇帝，给灌婴增加了食邑三千户。这年秋天，灌婴以车骑将军的身份率军跟随高帝打败燕王臧荼。第二年，灌婴随从高帝到陈县，逮捕了楚王韩信。回到京城，高帝与灌婴剖符定封，世代相传，把颍阴县的两千五百户封给灌婴作为食邑，号称颍阴侯。

以车骑将军从击反韩王信于代①，至马邑②，受诏别降楼烦以北六县，斩代左相，破胡骑于武泉③北。复从击韩信胡骑晋阳④下，所将卒斩胡白题⑤将一人。受诏并将燕、赵、齐、梁、楚车骑，击破胡骑于硰石⑥。至平城⑦，为胡所围，从还军东垣⑧。

【注释】

① 韩王信：战国韩襄王的后代，曾随刘邦到汉中，后被封为韩王，高祖七年投降匈奴。代：指代地，在今湖北蔚县西南。
② 马邑：县名，今山西朔县。
③ 胡：指匈奴。武泉：县名，在今内蒙古呼和浩特市武川县。

④ 晋阳：古邑名，在今山西太原市南面的古城营。
⑤ 白题：匈奴的一支。
⑥ 硰石：古邑名，在今山西静乐县东北。
⑦ 平城：县名，今山西大同市东。
⑧ 东垣：县名，今河北正定县南。

【译文】

灌婴作为车骑将军跟随高帝去代地攻打举兵反叛的韩王信。到了马邑，灌婴奉诏令率军降服了楼烦以北的六个县，斩了代国的左丞相，在武泉以北打败了匈奴的骑兵。又跟从高帝在晋阳一带袭击隶属于韩王信的匈奴骑兵，部下将士斩杀了匈奴白题将领一人。灌婴又奉高帝的诏令统一率领燕、赵、齐、梁、楚等国的车骑兵，在硰石击败匈奴的骑兵。后到了平城，被匈奴大军包围，解围后跟从高帝回军到东垣。

从击陈豨①，受诏别攻豨丞相侯敞军曲逆②下，破之，卒斩敞及特将③五人。降曲逆、卢奴、上曲阳、安国、安平④。攻下东垣。

【注释】

① 陈豨：刘邦的将领，汉初任赵国的相国，统率赵、代的军队，高祖十年，勾结匈奴发动叛乱，后战败被杀。
② 曲逆：古邑名，在今河北顺平东南。
③ 特将：楚、汉时将领的名称。
④ 卢奴：县名，今河北定县。上曲阳：古邑名，在今河北曲阳县西。安国：县名，在今河北安国县东南。安平：县名，在今河北安平县。

【译文】

灌婴跟随高帝攻打反叛的陈豨，奉诏令独自率军在曲逆一带进攻陈豨的丞相侯敞的军队，取得胜利。旗下将士斩杀侯敞和特将五人，降服了曲逆、卢奴、上曲阳、安国和安平等县邑，攻下了东垣。

黥布①反,以车骑将军先出,攻布别将于相,破之,斩亚将、楼烦将三人。又进击破布上柱国军及大司马②军。又进破布别将肥诛。婴身生得左司马一人,所将卒斩其小将十人,追北至淮上。益食二千五百户。布已破,高帝归,定令婴食颍阴五千户,除前所食邑。凡从得二千石二人,别破军十六,降城四十六,定国一,郡二,县五十二,得将军二人,柱国、相国各一人,二千石十人。

【注释】

① 黥布:原名英布,因犯法受过黥刑(脸上刺字),所以也叫黥布。秦末率刑徒起兵,先依附项羽,后投降刘邦,被封为淮南王;高祖十二年举兵反叛,战败被杀。
② 上柱国:战国时楚国官名,相当于丞相。大司马:官名,掌管军政事务的高级官吏。

【译文】

黥布反叛,灌婴作为车骑将军首先出兵,在相县攻打黥布的别部将领,斩杀副将和楼烦骑将三人。又追兵打败黥布上柱国的军队和大司马的军队。后进兵打垮了黥布的别部将领肥诛的军队。灌婴亲手生俘左司马一人,所统领的士兵斩杀小将十人,追击败军直到淮河沿岸。高帝给灌婴增加食邑二千五百户。黥布被打败后,高帝回到京城,把颍阴的五千户作灌婴的食邑,免除以前所封的食邑。灌婴跟从高帝出征打仗,共俘获二千石的官吏二人,另外打垮十六支敌军,降服城邑四十六座,平定了一个诸侯国,两个郡,五十二个县,俘获将军二人,柱国、相国各一人,二千石级官吏十人。

婴自破布归,高帝崩,婴以列侯事孝惠帝及吕太后。太后崩,吕禄①等以赵王自置为将军,军长安②,为乱。齐哀王③闻之,举兵西,且入诛不当为王者。上将军吕禄等闻之,乃遣婴为大将,将军往击之。婴行至荥阳，乃与绛侯④等谋，因屯兵荥阳，风⑤齐王以诛吕氏事，齐兵止不前。绛侯等既诛诸吕，齐王罢兵归，婴亦罢兵自荥阳归，与绛侯、陈平⑥共立代王为孝文皇帝。孝文皇帝于是益封婴三千户，赐黄金千斤，拜为太尉⑦。

【注释】

① 吕禄：吕后的哥哥吕释之的儿子，吕后执政时被封为赵王，后被周勃等人诛杀。
② 长安：西汉王朝的国都，在今陕西西安市西北。
③ 齐哀王：刘襄，齐悼惠王刘肥的儿子。
④ 绛侯：周勃，刘邦的重要将领。
⑤ 风：通"讽"，示意。
⑥ 陈平：刘邦的重要谋臣。
⑦ 太尉：秦、汉时全国最高军事长官。

【译文】

灌婴从打败黥布的前方回到京城时，高帝已经去世，灌婴以列侯身份侍奉孝惠帝和吕太后。太后去世后，吕禄以赵王身份自命为将军，驻军长安，图谋叛乱。齐哀王听到这个情况后，发兵向西，要进入京城诛杀不应当为王的人。上将军吕禄等人听说这个情况后，就派遣灌婴担任大将，率军前往迎击他。灌婴来到了荥阳，就与绛侯等人谋划，顺势将部队驻扎荥阳，向齐哀王示意准备诛杀吕氏的事，齐军止驻不再向前。绛侯等人诛灭了吕氏家族，齐哀王收兵回去了，灌婴也收兵从荥阳回来，与绛侯、陈平共同拥立代王刘恒为孝文皇帝。孝文皇帝加封灌婴食邑三千户，赐黄金千斤，任命为太尉。

三岁，绛侯勃免相就国，婴为丞相，罢太尉官。是岁，匈奴大入北地、上郡①，令丞相婴将骑八万五千往击匈奴。匈奴去，济北王②反，诏乃罢婴之兵。后岁余，婴以丞相卒，谥曰懿侯。子平侯阿代侯。二十八年卒，子强代侯。十三年，强有罪，绝二岁。元光③三年，天子封灌婴孙贤为临汝侯，续灌氏后，八岁，坐行赇④有罪，国除。

【注释】

① 北地：郡名，在今甘肃宁县西北。上郡：郡名，在今陕西榆林县东南。
② 济北王：刘兴居，齐悼惠王刘肥的儿子。
③ 元光：汉武帝刘彻的年号。元光三年，即公元前132年。
④ 赇：贿赂。

【译文】

　　三年之后，绛侯周勃免去丞相职务回到自封国，灌婴担任了丞相，撤销了太尉官职。这一年，匈奴大举侵入北地、上郡，孝文帝命令丞相灌婴率领八万五千骑兵去迎击匈奴。匈奴逃跑，济北王刘兴居反叛，孝文帝诏令灌婴收兵。过了一年多，丞相灌婴去世，谥号叫懿侯。其子平侯灌阿继承侯位。二十八年后灌阿去世，儿子灌强继承侯位。十三年后，灌强因犯了罪，侯位中断了两年。元光三年，汉武帝封灌婴的孙子灌贤为临汝侯，延续灌氏的后脉。八年后，灌贤因为行贿犯了罪，封国被废除。

陆贾列传

陆贾者，楚①人也。以客从高祖②定天下，名为有口辩士③，居左右，常使④诸侯。

【注释】

① 楚：国名，战国为七雄之一。
② 高祖：刘邦。
③ 有口辩士：指口才很好，能言善辩的人。
④ 使：出使。

【译文】

陆贾是楚国人。他以门客身份跟从高祖平定天下，被称为能言善辩的说客，在高祖身边，经常出使诸侯。

及高祖时，中国①初定，尉佗平南越②，因王之。高祖使陆贾赐尉佗印为南越王。陆生至，尉佗椎髻箕踞③见陆生。陆生因进说佗曰："足下中国人，亲戚昆弟坟在真定。今足下反天性，弃冠带④，欲以区区之越与天子抗衡⑤为敌国，祸且及身矣。且夫秦失其政，诸侯豪杰并起，唯汉王先入关，据咸阳⑥。项羽背约⑦，自立为西楚霸王，诸侯皆属，可谓至强。然汉王起巴、蜀⑧，鞭笞⑨天下，劫略⑩诸侯，遂诛项羽灭之。五年之间，海内平定，此非人力，天之所建也。天子闻君王王⑪南越，不助天下诛暴逆⑫，将相欲移兵而诛王，天子怜百姓新劳苦，故且休之，遣臣授君王印，剖符通使。君王宜郊迎，北面称臣，乃欲以新造未集⑬之越，屈强⑭于此。汉诚闻之，掘烧王先人冢⑮，夷灭宗族，使一偏将将十万众临越，则越杀王降汉，如反覆手耳。"

【注释】

① 中国：我国古代华夏族建国于黄河南北的中原地区自称为"中国"，而称四周的少数民族地区为四方，后来历代沿用至今，称为"中国"。

② 尉佗：本姓赵，尉是官名，真定（今河北正定县）人，秦时为龙川县（今广东龙川县）县令，后为南海郡郡尉，所以叫他尉佗。秦末，他兼并了南海、桂林和象三个郡，自立为南越王。南越：古代南方越人的一支，也称南粤，分布在今广东、广西和湖南南部等地。

③ 椎髻：椎形的发髻。箕踞：坐时两腿叉开，形似簸箕。箕踞而坐接见客人是一种傲慢无礼的姿态。

④ 弃冠带：指赵佗抛弃了中原地区穿戴的习俗。冠带，帽子和带子。

⑤ 抗衡：两衡相对。抗，喻指敌对。衡，车辕上的横木。

⑥ 咸阳：秦王朝的国都，在今陕西西安市东。

⑦ 背约：指项羽违背楚怀王先入关者为关中王的约定。

⑧ 巴、蜀：均为古郡名。巴、蜀二郡的辖境约相当于现在的四川省。

⑨ 鞭笞：用鞭子打人。这里引申为驱使。

⑩ 劫略：以武力征服和控制。

⑪ 王：称王。

⑫ 暴逆：指凶暴和背信弃义的人，此用以暗指项羽。

⑬ 未集：未安定。集，集中，安定。

⑭ 屈强：通"倔强"。此指态度强硬。

⑮ 冢：坟墓。

【译文】

　　高祖做了皇帝的时候，中原地区刚刚平定，尉佗平定了南越，就在那里自称为王。高祖派遣陆贾去赐予尉佗印章，封他为南越王。陆贾到了南越，尉佗梳着椎形的发髻，岔开两腿坐着接见陆贾。陆贾因此上前劝说尉佗道："您是中国人，亲属、弟兄和祖先的坟墓都在真定。如今您违反天性，抛弃戴帽子、系带子的习俗，竟想以小小的越地和天子相抗衡，成为敌对国家，大祸就要临头了。秦朝末年政治腐败，诸侯豪杰纷纷起兵，唯有汉王首先进入关中，占据咸阳。项羽违背与楚怀王的约定，自立为西楚霸王，诸侯一时都归属他，可以说强大极了。然而汉王从巴、蜀起兵，驱使天下民众，以威力控制诸侯，于是征讨项羽，并消灭了他。五年之内，全国平定，这不是人力所能办到的，而是上天所创建的。天子听说您在南越称王，不帮助天下人诛灭暴逆，将相们打算发兵讨伐你。天子体谅老百姓刚刚经过战乱的劳苦，因此暂且没有这样做，而派我来授给你王印，剖分符信，互通使节。您应该到郊外迎接，向北面称臣，而您却凭借刚刚建立尚未安定的越国，倔强到这个地步。汉朝如果知道了，就会挖掉您的祖坟，焚烧你祖先的遗体，夷灭您的宗族，然后只要派遣一名副将率领十万人马到达越国，那么越人就会杀掉你投降汉朝，这是易如反掌的事情。"

于是尉佗乃蹶然①起坐，谢陆生曰："居蛮夷中久，殊失礼义。"因问陆生曰："我孰与萧何、曹参、韩信②贤？"陆生曰："王似贤。"复曰："我孰与皇帝贤？"陆生曰："皇帝起丰沛③，讨暴秦，诛强楚，为天下兴利除害，继五帝、三王④之业，统理中国。中国之人以亿计，地方万里，居天下之膏腴⑤，人众车舆⑥，万物殷富，政由一家，自天地剖判⑦未始有也。今王众不过数十万，皆蛮夷，崎岖山海间，譬若汉一郡，王何乃比于汉！"尉佗大笑曰："吾不起中国，故王此。使我居中国，何渠不若汉？"乃大悦陆生，留与饮数月。曰："越中无足与语，至生来，令我日闻所不闻。"赐陆生橐中装⑧值千金，他送亦千金。陆生卒拜尉佗为南越王，令称臣奉汉约。归报,高祖大悦,拜贾为太中大夫⑨。

【注释】

① 蹶然:惊起的样子。
② 萧何:刘邦的重要谋臣,西汉王朝的首任丞相。曹参:刘邦的得力将领,萧何死后继任丞相。韩信:刘邦的大将军,高祖十一年,因图谋反叛而被杀。
③ 丰:古邑名,在今江苏丰县。沛:县名,在今江苏沛县。
④ 五帝:传说中的上古五个帝王,据《史记》记载,为黄帝、颛顼、帝喾、唐尧、虞舜。三王:指夏禹、商汤、周文王。一说为夏禹、商汤和周代的文王、武王。
⑤ 膏腴:肥沃,此指肥沃的土地。
⑥ 车舆:车辆众多。
⑦ 天地剖判:开天辟地。剖,中分为二。判,公开。
⑧ 橐中装:指旅行袋中所装的珍宝等物。橐,口袋。
⑨ 太中大夫:官名,掌管宫中议论。

【译文】

于是尉佗突然惊起端坐,向陆贾谢罪说:"我久居蛮夷之地,很失礼仪。"又对陆贾说:"我与萧何、曹参、韩信相比,谁更贤能?"陆贾说:"您似乎贤能一些。"又问:"我和皇帝相比,谁更贤能?"陆贾说:"皇帝从沛县丰邑起兵,讨伐暴秦,诛灭强楚,为天下兴利除害,继承了五帝、三王的功业,统一治理中国。中国的人口数以亿计,土地纵横,处于天下的肥沃地区,人民众,车辆多,万物丰富,政令统一,这是开天辟地以来未曾有过的啊。如今您的越国人口不过数十万,还都是蛮夷,居住在崎岖不平的山海之间,好像汉朝的一个郡,您怎么竟跟汉朝相比!"尉佗大笑说:"我不是在中国起事,所以在这里做王。假使我处在中国,难道就比不上汉朝皇帝?"尉佗很喜欢陆贾，留下陆贾跟他一起饮酒作乐几个月。尉佗说："越地没有人可以和我谈话，您来了，使我每天听到一些过去听不到的东西。"赏赐陆贾一口袋价值千金的珠宝，其他所送礼物也值千金。陆贾最后拜尉佗为南越王，让他对汉称臣，遵守朝廷的约束。陆贾回朝汇报，高祖很高兴，任命陆贾为太中大夫。

　　陆生时时前说称《诗》《书》①。高帝骂之曰："乃公②居马上而得之，安事《诗》《书》！"陆生曰："居马上得之，宁可以马上治之乎？且汤、武③逆取而以顺守之，文武并用，长久之术也。昔者吴王夫差、智伯④极武而亡；秦任刑法不变，卒灭赵氏⑤。向使⑥秦已并天下，行仁义，法先圣，陛下安得而有之？"高帝不怿⑦而有惭色，乃谓陆生曰："试为我著秦所以失天下，吾所以得之者何，及古成败之国。"陆生乃粗述存亡之征，凡著十二篇。每奏一篇，高帝未尝不称善，左右呼万岁，号其书曰《新语》。

【注释】

① 《诗》《书》：《诗经》和《尚书》的简称。
② 乃公：你的父亲。
③ 汤、武：商汤和周武王。
④ 夫差：春秋末年吴国的国王，曾率军打败越国，打败齐军，与晋争霸，最后被越国打败，自杀身亡。智伯：春秋末年晋国势力最强的大臣，曾企图用武王消灭其他有势力的大臣，独霸晋国，结果被赵襄子、韩康子、魏桓子联合起来打败。
⑤ 赵氏：指秦王朝。
⑥ 向使：假使、当初。
⑦ 不怿：不高兴。

【译文】

陆贾在向皇帝进言时经常称颂引用《诗经》和《尚书》,高祖骂他说:"你老子是在马上得天下的,哪里用得着什么《诗经》《尚书》!"陆贾说:"在马上夺得天下,难道也可以在马上治理天下吗?请看商汤、周武王以武力夺取天下,就顺应形势以文治巩固政权,文武并用,这才是长治久安的办法啊。从前吴王夫差和智伯穷兵黩武,以致国破身亡;秦朝使用严刑苛法不加改变,终于毁灭了自己。假如秦朝统一天下以后,施行仁义,效法古代的圣王,陛下怎么能够取得天下呢?"高祖不高兴却又面带愧色,就对陆贾说:"你试着为我论述一下秦朝为什么会失去天下,我为什么能够得到天下,以及古代各国成功失败的经验教训。"陆贾就粗略地论述了国家存亡的征兆,共著述十二篇。每奏上一篇,高祖没有不称赞的,皇帝身边的人都高呼万岁,把他的著述称为《新语》。

孝惠帝①时,吕太后②用事,欲王诸吕,畏大臣有口者③,陆生自度不能争之,乃病免家居。以好畤④田地善,可以家焉。有五男,乃出所使越得橐中装卖千金,分其子,子二百金,令为生产。陆生常安车驷马⑤,从歌舞鼓琴瑟侍者十人,宝剑值百金,谓其子曰:"与汝⑥约:过汝,汝给吾人马酒食,极欲,十日而更。所死家,得宝剑车骑侍从者。一岁中往来过他客,率⑦不过再三过,数见不鲜⑧,无久慁公⑨为也。"

【注释】

① 孝惠帝:刘盈,刘邦的儿子,公元前194年至前188年在位。
② 吕太后:吕雉,刘邦的妻子。
③ 有口者:指能据理力争的人。
④ 好畤:汉置县,在今陕西乾县东。

⑤ 安车驷马：古代用四匹马拉的适合老年人乘坐的较为舒适的车辆。
⑥ 汝：你，你们。
⑦ 率：大概，大抵。
⑧ 数见不鲜：多次相见就不新鲜了。
⑨ 恩公：打扰你们。恩，打扰，烦劳。

【译文】

　　惠帝在位时，吕太后当权，打算封诸吕为王，又畏惧大臣中有人据理力争。陆贾自料不能争辩，就称病辞职回家。他认为好畤这个地方田地肥沃，就在那里安了家。陆贾有五个儿子，他把出使越国时得到的那口袋珠宝卖了一千斤黄金，分给他的儿子们，每个儿子二百斤黄金，让他们从事生产。陆贾常常乘着舒适的驷马安车，带着唱歌跳舞、打鼓弹琴的艺人和侍者十来个人，佩带着一把价值黄金百斤的宝剑，对他的儿子们说："我和你们约定：到了你们家里，你们要供给我的人马酒食，尽量满足我们的要求，每十天换一家。我死在谁家，谁家就取得宝剑、车骑和侍从。一年之中除去到别人家里做客，到你们每家大概不过两三次，因为相见多了就不新鲜了，我也不愿意过多打扰你们。"

　　吕太后时，王诸吕，诸吕擅权，欲劫少主，危刘氏。右丞相陈平①患之，力不能争，恐祸及己，常燕居②深念。陆生往请，直入坐，而陈丞相方深念，不时见陆生。陆生曰："何念之深也？"陈平曰："生揣我何念？"陆生曰："足下位为上相③，食三万户侯，可谓极富贵无欲矣。然有忧念，不过患诸吕、少主耳。"陈平曰："然。为之奈何？"陆生曰："天下安，注意相；天下危，注意将。将相和调，则士务附④；士务附，天下虽有变，即权不分。为社稷⑤计，在两君掌握耳。臣常欲谓太尉绛侯⑥，绛侯与我戏，易⑦吾言。君何不交欢太尉，深相结？"为陈平画吕氏数事。陈平用其计，乃以五百金为绛侯寿⑧，厚具乐饮；太尉亦报如之。此两人深相结，则吕氏谋益衰。陈平乃以奴婢百人，车马五十乘，钱五百万，遗陆生为饮食费。陆生以此游⑨汉廷公卿间，名声藉甚⑩。

【注释】

① 陈平：刘邦的重要谋臣，封曲逆侯，惠帝、吕后、文帝时任丞相。
② 燕居：静居，闲居。
③ 上相：古以右为尊，陈平为右丞相，故称他为上相，以示尊敬。
④ 务附：亲近归附。
⑤ 社稷：古代帝王祭祀土神和谷神的地方，是国家的象征，后用以指代国家。
⑥ 太尉绛侯：指周勃。太尉是秦、汉时全国的最高军事长官。秦末，周勃跟从刘邦起兵，军功卓著，封绛侯。
⑦ 易：轻视。
⑧ 寿：祝寿。动词。
⑨ 游：游说。
⑩ 名声藉甚：名声很大。

【译文】

　　吕太后执政时期，封诸吕为王，诸吕专揽大权，想要挟制少主，危害刘氏。右丞相陈平忧虑这件事，感到自己无力挽回，恐怕祸患殃及自己，常常在家里静居深思。有次陆贾去看望他，陈丞相正在深思，一直到陆贾在他身边坐下来，都没有发现陆贾。陆贾说："怎么想得这样入神呀？"陈平说："你猜猜我在想什么？"陆贾说："您位居上相，是有食邑三万户的列侯，可以说富贵到了极点，再不会有什么欲望了。然而你有忧虑，你忧虑的不过是诸吕、少主的事情罢了。"陈平说："是的。那该怎么办呢？"陆贾说："天下安定，注重丞相；天下危急，注重大将。将相和睦协调，士大夫就会亲附，士大夫亲附，天下即使有变乱，大权也不会分散。为国家考虑，安危的关键在于你和太尉两位的掌握之中。我常想和太尉绛侯谈谈这件事，可是绛侯和我开玩笑，不重视我的话。您何不交好太尉，和太尉深结友谊？"陆贾还为陈平想了一些对付吕氏的办法。陈平采用了他的计谋，就用五百斤黄金给绛侯祝寿，丰厚地备办了乐舞和酒宴；太尉也以同样的厚礼答谢陈平。这两个人从此紧密团结，因而吕氏的阴谋活动也就越来越衰弱。陈平把奴婢一百人，车马五十套，铜钱五百万，送给陆贾作为饮食费用。陆贾就凭借这些财物在汉朝的公卿大臣中间游说，名声很大。

及诛诸吕，立孝文帝①，陆生颇有力焉。孝文帝即位，欲使人之南越。陈丞相等乃言陆生为太中大夫，往使尉佗，令尉佗去黄屋称制②，令比③诸侯，皆如意旨。语在"南越语④"中。陆生竟以寿终⑤。

【注释】

① 孝文帝：刘恒，刘邦的儿子，公元前179年至公元前157年在位。
② 黄屋：古代帝王所乘的车子用黄色丝绸做车盖，叫作"黄屋"。制：皇帝的命令。
③ 比：并列。
④ 南越语：指《史记·南越列传》。
⑤ 寿终：年老正常死亡。

【译文】

在诛灭诸吕、迎立孝文皇帝这件事情上，陆贾出了很大的力。文帝即位后，想派人出使南越。丞相陈平等人推荐陆贾担任太中大夫，派他出使越国，让尉佗去掉皇帝的称号，和诸侯并列，最终陆贾按照文帝的意旨圆满完成使命。这件事记载在《南越列传》中。陆贾最后寿终去世。

　　太史公曰：余读陆生《新语》书十二篇，固当世之辩士。

【译文】
　　太史公说：我读了陆贾的《新语》十二篇，感到他确实是当时的舌辩之士。

晁错列传

晁错者，颍川①人也。学申、商刑名于轵张恢先②所，与洛阳③宋孟及刘礼同师。以文学为太常掌故④。

【注释】

①颍川：古郡名，在今河南禹县。
②申、商：申不害、商鞅。刑名：即"形名"，指名和实的关系。是循名责实、严明赏罚的治国学说。轵：县名，在今河南济源南。张恢先：即张恢先生。
③洛阳：古都邑名，在今河南洛阳市东北。
④太常掌故：太常的属官。

【译文】

晁错是颍川郡人。曾经在轵县张恢先生那里学习申不害、商鞅的形名学说，与洛阳的宋孟、刘礼同学。因通晓文献典故，担任了太常掌故。

错为人峭直刻深①。孝文帝②时，天下无治《尚书》③者，独闻济南伏生故秦博士④，治《尚书》，年九十余，老不可征，乃诏太常⑤使人往受之。太常遣错受《尚书》伏生所。还，因上便宜事⑥，以《书》称说⑦。诏以为太子舍人、门大夫、家令⑧。以其辩得幸太子，太子家号曰"智囊"。数上书孝文时，言削诸侯事，及法令可更定者。书数十上，孝文不听，然奇其材，迁为中大夫⑨。

当是时，太子善错计策，袁盎⑩诸大功臣多不好错。

【注释】

① 峭直：严正刚直。刻深：严厉苛刻。
② 孝文帝：刘恒，刘邦的第四个儿子。
③ 治：研究。《尚书》：亦称《书经》，儒家经典之一。
④ 济南：郡名，在今山东济南市东。伏生：即伏胜，字子贱。博士：官名，负责掌管历史和文献典故。
⑤ 太常：官名，掌管宗庙礼仪，九卿之一。
⑥ 便宜事：便国宜民之事。
⑦ 称说：称引解说，这里指讲述学习情况。
⑧ 太子舍人、门大夫、家令：都是太子的属官。
⑨ 中大夫：官名，掌议论，备顾问，御史大夫的顾问官。
⑩ 袁盎：楚国人，字丝，曾任吴、齐、楚等诸侯国的丞相，后被梁孝王刘武派人刺杀身死。

【译文】

　　晁错为人严正刚直而又严厉苛刻。汉文帝时，天下没有研究《尚书》的人，只听说济南有个伏胜，原是秦朝的博士，精通《尚书》，年龄九十多岁了，年老不能征召。于是文帝诏令太常派人去学习。太常就派遣晁错去伏生那里学习《尚书》。回来后，趁着报告便国利民的机会，称引解说《尚书》。汉文帝下诏先后任命晁错担任太子舍人、门大夫、太子家令。因为晁错长于分析辩论，得到太子的宠爱，在太子家里号称"智囊"。文帝在位时，晁错多次上书，讲述应该削减诸侯势力，以及可以更定法令的事。几十次上书，文帝都没有听取，但认为晁错的才能奇特出众，提升他为中大夫。当时，太子刘启很赞许晁错的计策，而袁盎和许多功臣大多不喜欢晁错。

景帝即位，以错为内史①。错常数请间②言事，辄听，宠幸倾九卿③，法令多所更定。丞相申屠嘉④心弗便，力未有以伤。内史府居太上庙壖⑤中，门东出，不便，错乃穿两门南出，凿庙壖垣⑥。丞相嘉闻，大怒，欲因此过为奏请诛错。错闻之，即夜请间，具为上言之。丞相奏事，因言错擅凿庙垣为门，请下廷尉⑦诛。上曰："此非庙垣，乃壖中垣，不致于法。"丞相谢。罢朝，怒谓长史⑧曰："吾当先斩以闻，乃先请，为儿所卖，固误。"丞相遂发病死。错以此愈贵。

【注释】

① 内史：官名，负责掌管文献典章、起草诏令等。
② 请间：请求皇帝单独召见。
③ 九卿：秦汉时，中央九个行政官职的总称。汉时通常称太常、光禄勋、大鸿胪、大司农、卫尉、太仆、廷尉、少府、宗正为九卿。
④ 申屠嘉：刘邦的将领，曾参加与项羽、黥布作战。文帝时任丞相，被封为故安侯。
⑤ 庙壖：庙墙以外的余地。
⑥ 壖垣：壖以外的围墙。
⑦ 廷尉：汉代掌管刑狱的最高长官。
⑧ 长史：诸史之长，相当于后来的秘书长。

【译文】

景帝刘启登位后，任晁错为内史。晁错多次请求皇帝与他谈论政事，皇帝对他言听计从，宠信晁错胜过九卿，并采纳晁错的建议，修订了很多法令。丞相申屠嘉心怀不满，但又无力加以伤害。内史府建在太上庙的围墙里面的空地上，门朝东开，进出不方便，晁错就在南边开了两扇门出入，凿开了太上庙的围墙。丞相申屠嘉听说后，大为愤怒，打算借这个过错撰写奏章请求诛杀晁错。晁错听到这个消息后，当天夜里请求单独进见皇上，详细地向皇上说明了这件事。丞相上朝奏事，趁便说了晁错擅自凿开太上庙的墙改为门，请求把他交给廷尉诛杀。皇帝说："这不是庙墙，是庙外空地上的围墙，不涉及法律。"丞相谢罪。退朝后，丞相愤怒地对长史说："我应当先杀掉他再报告皇上，却事先奏请，反被这小子出卖，这本来就错了。"丞相于是发病而死。晁错因此更加显贵。

迁为御史大夫①，请诸侯之罪过，削其地，收其支郡②。奏上，上令公卿、列侯、宗室③集议，莫④敢难，独窦婴⑤争之，由此与错有隙。错所更令三十章，诸侯皆喧哗嫉晁错。错父闻之，从颍川来，谓错曰："上初即位，公为政用事，侵削诸侯，别疏人骨肉，人口议多怨公者，何也？"晁错曰："固也。不为此，天子不尊，宗庙不安。"错父曰："刘氏安矣，而晁氏危矣，吾去公归矣！"遂饮药死，曰："吾不忍见祸及吾身。"死十余日，吴、楚七国⑥果反，以诛错为名。及窦婴、袁盎进说，上令晁错衣朝衣斩东市。

【注释】

① 御史大夫：官名，相当于副丞相。
② 支郡：诸侯国边缘上的郡。
③ 公卿：原指三公九卿，后泛指朝廷大臣。列侯：爵位名。宗室：皇族。
④ 莫：没有谁，无指代词。
⑤ 窦婴：字王孙，窦太后的侄子，景帝时被封为魏其侯，五帝时任丞相，后因罪被杀。
⑥ 七国：指吴、楚、赵、胶西、胶东、济南、淄川等七国。

【译文】

晁错被提升为御史大夫,向皇帝反映诸侯王的罪过,请求削减他们的封地,收回他们的支郡。奏章呈上,皇上命令公卿、列侯和宗族集体讨论,没有人敢诘难,唯有窦婴争执,从此和晁错有了隔阂。晁错所更定的法令有三十章,诸侯都喧哗反对,嫉恨晁错。晁错的父亲听到这信息,从颍川赶来,对晁错说:"皇上刚刚即位,你为政掌权,侵害削弱诸侯,疏远人家骨肉,人家都议论怨恨你,为什么呢?"晁错说:"的确如此。如不这样,天子不会被尊崇,国家不得安宁。"晁错的父亲说:"刘家的天下安定了,而晁家就危险了,我离开你回去了!"于是饮毒药而死,临死时说:"我不忍看到大祸临头。"死后十多天,吴、楚七国果然以诛杀晁错为名义反叛。窦婴和袁盎向皇帝进言,说只有杀掉晁错,七国方会罢兵。皇上就让晁错穿着朝服在东市处决。

晁错已死,谒者①仆射邓公为校尉,击吴、楚军为将。还,上书言军事,谒见上。上问曰:"道②军所来,闻晁错死,吴、楚罢不?"邓公曰:"吴王③为反数十年矣,发怒削地,以诛错为名,其意非在错也。且臣恐天下之士噤口,不敢复言也!"上曰:"何哉?"邓公曰:"夫晁错患诸侯强大不可制,故请削地以尊京师,万世之利也。计划始行,卒受大戮,内杜忠臣之口,外为诸侯报仇,臣窃为陛下不取也。"于是景帝默然良久,曰:"公言善,吾亦恨之。"乃拜邓公为城阳中尉④。

【注释】

① 谒者:官名,为郎中令属官,掌管宾赞事宜,其长官称谒者仆射。
② 道:从。

③ 吴王：刘濞，刘邦的侄子，被封为吴王。他利用封国的特权，私自铸钱、煮盐，搜罗有罪逃亡的人，扩张自己的政治、经济实力。景帝三年(公元前154年)，以"请诛晁错，以清君侧"为名，发动了历史上著名的吴、楚七国之乱，后兵败被杀。

④ 城阳：县名，在今山东鄄城县境内。中尉：武官名，负责管京城治安。

【译文】

晁错死后，谒者仆射邓公担任校尉，当时作为将领领兵征讨吴、楚叛军。回朝上书报告军事情况，觐见皇上。皇上问："你从军中来，听到晁错死的消息，吴、楚罢兵没有？"邓公说："吴王谋反几十年了，因削减他的封地而恼怒，以诛杀晁错为名，他的本意不在晁错。我恐怕天下的士大夫闭口，不敢再进言了！"皇上问："为什么？"邓公说："晁错忧虑诸侯强大不能够制服，所以请求削减诸侯的封地，借以尊崇天子，这是千秋万代的好事。计划刚开始实行，晁错竟被杀害，这样，对内来说，堵塞了忠臣之口，对外来说，替诸侯报了仇，我私下认为您这样做是不可取的。"这时景帝沉默了很久，说："您说的对，我也悔恨这件事。"于是任命邓公担任城阳中尉。

太史公曰：晁错为家令时，数言事不用；后擅权，多所变更。诸侯发难，不急匡救，欲报私仇，反以亡躯①。语曰"变古乱常，不死则亡"，岂错等谓邪！

【注释】

① 据《史记·袁盎列传》记载，晁错和袁盎私怨很深，吴、楚反叛的消息传来，晁错要丞史惩办袁盎私通吴王的罪过，丞史认为证据不足。袁盎知道后，力劝景帝诛杀了晁错。司马迁的评语是针对《袁盎晁错列传》，所以提到这一点。

【译文】

太史公说：晁错担任太子家令的时候，多次进言国事没有被皇帝采用；后来掌握朝廷大权，进行了许多变革。诸侯发动叛乱，不急于匡正挽救，却打算要报私仇，因此招致杀身之祸。古语说"改变古制，打乱常法，不是身死，就要逃亡"，难道是说的晁错等人吗！

游侠列传 (节选)

　　郭解，轵人也，字翁伯，善相人①者许负外孙也。解父以任侠，孝文时诛死。解为人短小精悍②，不饮酒。少时阴贼③，慨不快意④，身所杀甚众。以躯借⑤交报仇，藏命作奸⑥剽攻不休⑦及铸钱掘冢，固不可胜数。适有天幸⑧，窘急常得脱，若⑨遇赦。及解年长，更折节为俭⑩，以德报怨，厚施而薄望⑪。然其自喜为侠益甚。既已振人之命，不矜其功，其阴贼着⑫于心，卒发于睚眦⑬如故云。而少年慕其行，亦辄为报仇，不使知也。解姊子负⑭解之势，与人饮，使之嚼⑮。非其任，强必灌之。人怒，拔刀刺杀解姊子，亡去。解姊怒曰："以翁伯之义，人杀吾子，贼不得。"弃其尸于道，弗葬，欲以辱解。解使人微知⑯贼处。贼窘自归，具以实告解。解曰："公杀之固当，吾儿不直⑰。"遂去⑱其贼，罪其姊子，乃收而葬之。诸公闻之，皆多⑲解之义，益附焉。

【注释】

① 相人：给人相面。

② 悍：刚狠。

③ 阴贼：内心阴险狠毒。

④ 慨：愤慨。不快意：不满意。

⑤ 借：帮助。

⑥ 命：指亡命之徒。作奸：干坏事，犯法。

⑦ 剽攻：抢劫。休：止。

⑧ 适：遇到。天幸：上天保佑。

⑨ 若：或，或者。

⑩ 折节：改变操行。俭：通"检"，约束，检点。

⑪ 薄望：怨恨小。

⑫ 着：附着。

⑬ 卒：通"猝"，突然。睚眦：怒目而视。

⑭ 负：依仗。

⑮ 嚼：通"釂"，喝干酒。

⑯ 微知：暗中探知。

⑰ 不直：理屈。

⑱ 去：放走，赶走，打发走。

⑲ 多：称赞。

【译文】

郭解，轵县人，字翁伯，是擅于相面的许负的外孙。郭解的父亲因为行侠，在汉文帝时被杀。郭解个子矮小，精明强悍，不喝酒。他小时候残忍狠毒，心中愤慨不如意时，亲手杀的人很多。他不惜牺牲生命去替朋友报仇，窝藏亡命之徒，犯法抢劫，私铸钱币，盗掘坟墓，诸如此类，不可胜数。但却得到上天保佑，在窘迫危急之时常得脱身，或者遇到大赦。等到郭解年龄大了，就改变行为，约束检点自己，用恩惠报答怨恨自己的人，多多地施舍别人，而且对别人怨恨很少。但是，他喜欢行侠的思想却越来越强烈。救了别人的性命，却不自夸功劳。但残忍狠毒之性深埋于心中，突然怨怒行凶的事依然如故。年轻人仰慕他的行为，也常常为他报仇，却不让他知道。郭解姐姐的儿子依仗郭解的势力，同别人喝酒，让人家干杯。如果人家的酒量小，不能再喝了，他就强行灌酒。有人发怒，拔刀刺死了郭解姐姐的儿子，就逃跑了。郭解姐姐发怒说道："以我弟弟翁伯的侠义，人家杀了我的儿子，凶手却捉不到。"于是她把儿子的尸体丢弃在道上，不埋葬，想以此羞辱郭解。郭解派人暗中探知凶手的去处。凶手陷入困境主动回来，把真实情况告诉了郭解。郭解说："你杀了他本来很应该，我的孩子无理。"于是放走了那个凶手，把罪责归于姐姐的儿子，并收尸埋葬了他。人们听到这个消息，都称赞郭解的道义行为，更加依附于他。

解出入，人皆避之。有一人独箕踞①视之，解遣人问其名姓。客欲杀之，解曰："居邑屋至不见②敬，是吾德不修也，彼何罪！"乃阴属③尉史曰："是人，吾所急④也，至践更时脱⑤之。"每至践更，数过⑥，吏弗求。怪之，问其故，乃解使脱之。箕踞者乃肉袒谢罪。少年闻之，愈益慕解之行。

【注释】

① 箕踞：叉开两腿坐着，如簸箕一般，是一种无礼不恭敬的表现。
② 邑屋：乡里。见：被。
③ 阴：暗中。属：同"嘱"，嘱咐。
④ 急：关心，关切。
⑤ 践更：按汉代法律，在籍男丁每年在地方服役一个月，称为卒更。雇人代役，每月二千钱，称践更。脱：豁免。
⑥ 数过：多次轮到。

【译文】

郭解每次外出或归来，人们都躲避他。只有一个人傲慢地坐在地上看着他，郭解派人去问他的姓名。门客要杀掉那个人，郭解说："居住在乡里之中，竟至于不被人尊敬，这是我自己道德修养得还不够，他有什么罪过！"于是他就暗中嘱托尉史说："这个人是我所关心的，轮到他服役时，请豁免他。"轮到此人服役时，有好多次，县吏都没找他。他感到奇怪，问其中的原因，原来是郭解免除了他的差役。于是，他就袒露身体，到郭解处谢罪。少年们听到这个消息，越发仰慕郭解的行为。

雒阳^①人有相仇者，邑中贤豪居间^②者以十数^③，终不听。客^④乃见郭解。解夜见仇家，仇家曲听^⑤解。解乃谓仇家曰："吾闻雒阳诸公在此间，多不听者。今子幸^⑥而听解，解奈何乃从他县夺人邑中贤大夫权^⑦乎！"乃夜去，不使人知，曰："且^⑧无用，待我去，令雒阳豪居其间，乃听之。"

【注释】

① 雒阳：古都邑名，即洛阳。
② 居间：从中间调解。
③ 以十数：数以十计。
④ 客：外地人。
⑤ 曲听：勉强听从。
⑥ 幸：给面子。
⑦ 权：排除纠纷的权柄。
⑧ 且：暂时。

【译文】

洛阳人有相互结仇的，城中有数以十计的贤人豪杰从中调停，始终不能和解。洛阳人就来拜见郭解，说明情况。郭解晚上去会见结仇的人家，仇家出于对郭解的尊重，勉强地听从了调停，准备和好。郭解就对仇家说："我听说洛阳诸公为你们调解，你们多半不肯接受。如今你们卖我面子听从了我的调解，但我郭解怎能从别的县跑来，抢夺人家城中贤豪大夫们的调解权呢？"于是郭解当夜离去，不让人知道，说："暂时不要听我的调解，待我离开后，让洛阳豪杰从中调停再听从。"

解执①恭敬,不敢乘车入其县廷②。之旁郡国,为人请求事,事可出③,出之;不可者,各厌④其意,然后乃敢尝酒食。诸公以故严重⑤之,争为用⑥。邑中少年及旁近县贤豪,夜半过⑦门常十余车,请得解客舍养⑧之。

【注释】

① 执:谨守。

② 县廷:县衙门。

③ 出:得到解决。

④ 厌:通"餍",满足。

⑤ 严重:尊重。

⑥ 为用:为他效劳。

⑦ 过:拜访。

⑧ 舍养:供养在自家房舍之中。

【译文】

郭解谨守着恭敬待人的态度,出入轵县衙门,郭解从不敢乘车。他到旁的郡国去替人办事,事能办成的,一定解决好;办不成的,也要使有关方面都满意,然后才愿意去吃人家的酒饭。因此大家都特别尊重他,争着为他效力。同县的少年们及附近县城的贤人豪杰,半夜上门拜访郭解的常常有十多辆车之多,请求把郭解家的门客接回自家供养。

及徙豪富茂陵①也,解家贫,不中訾②,吏恐,不敢不徙。卫将军为言③:"郭解家贫不中徙。"上曰:"布衣权至④使将军为言,此其家不贫。"解家遂徙。诸公送者出千余万。轵人杨季主子为县掾⑤,举⑥徙解。解兄子断杨掾头。由此杨氏与郭氏为仇。

【注释】

① 徙：迁移。茂陵：汉武帝的陵墓。
② 訾：通"赀"，资产。
③ 卫将军：指卫青，抗击匈奴的名将。为言：替他说话。
④ 权：权力，权势。至：达到。
⑤ 县掾：县令属下的吏曹。
⑥ 举：检举。

【译文】

　　待到朝廷要将各郡国的豪富人家迁往茂陵居住，郭解家贫，不符合资财三百万的迁徙标准，但迁移名单中有郭解的名字，官吏害怕，不敢不让郭解迁移。大将军卫青替郭解向皇上求情说："郭解家贫，不符合迁移的标准。"皇上说："一个普通百姓的权势竟大到能使将军替他说话的地步，足可见他家不穷。"郭解于是只好迁徙到茂陵去。与郭解往来的人送他西行共出钱千余万。轵人杨季主的儿子当县掾，是他检举以致郭解迁徙的。郭解哥哥的儿子砍掉杨县掾的头，从此杨、郭两家结下了仇。

　　解入关，关中贤豪知与不知，闻其声，争交欢①解。解为人短小，不饮酒，出未尝有骑。已②又杀杨季主。杨季主家上书，人又杀之阙下③。上闻，乃下吏捕解。解亡，置其母家室夏阳，身至临晋。临晋籍少公素不知解，解冒④，因⑤求出关。籍少公已出解，解转入太原，所过辄告主人家。吏逐之，迹⑥至籍少公。少公自杀，口绝⑦。久之，乃得⑧解。穷治⑨所犯，为解所杀，皆在赦前。轵有儒生侍使者坐，客誉郭解，生曰："郭解专以奸犯公法，何谓贤！"解客闻，杀此生，断其舌。吏以此责⑩解，解实不知杀者。杀者亦竟绝⑪，莫知为谁。吏奏解无罪。御史大夫公孙弘议曰："解布衣为任侠行权，以睚眦杀人，解虽弗知，此罪甚于解杀之。当⑫

大逆无道。"遂族⑬郭解翁伯。

【注释】

① 交欢：结为知已。

② 已：后来，不久。

③ 阙下：宫阙之下。阙，官外的门楼。

④ 冒：冒昧，此指贸然相见。

⑤ 因：趁机，顺便。

⑥ 迹：跟踪而至。

⑦ 口绝：断了线索。

⑧ 得：抓获。

⑨ 穷治：彻底追究，严办。

⑩ 责：责问。

⑪ 竟：毕竟。绝：断绝线索。

⑫ 当：判处。

⑬ 族：灭族，满门抄斩。

【译文】

郭解被迁徙到关中后，关中的贤人豪杰无论从前是否知道郭解，如今听到他的名声，都争着与郭解结为好朋友。郭解个子矮，不喝酒，出门不乘马。后来又杀死杨季主。杨季主的家人上书告状，有人又把告状的杀死在宫门下。皇上听到这个消息，就向官吏下令逮捕郭解。郭解逃跑，把他的母亲和家室安置在夏阳，自己逃到临晋。临晋籍少公平素不认识郭解，郭解冒昧求见他，顺便要求他帮助出关。籍少公把郭解送出关后，郭解转移到太原，他所到之处，常常把自己的情况告诉留他食宿的人家。官吏追逐郭解，跟踪到籍少公家里。籍少公无奈自杀，线索断绝了。过了很久，官府才捕到郭解。彻底深究他的犯法罪行，发现一些人被郭解所杀的事，都发生在赦令公布之前。轵县有个儒生陪同前来查办郭解案件的使者闲坐,郭解门客称赞郭解,儒生却说:"郭解专爱干奸邪犯法的事,怎能说他是个贤人呢?"郭解门客听到这话,就杀了这个儒生,割下他的舌头。官吏以此责问郭解,令他交出凶手,而郭解确实不知道杀人的是谁。凶手始终没能查出来,不知道是何人。官吏向皇上报告,说郭解无罪。御史大夫公孙弘反驳道:"郭解以平民身份行侠,玩弄权诈之术,因为小事而杀人,郭解自己虽然不知道,这个罪过比他自己杀人还严重。判处郭解大逆不道的罪。"于是就将郭解家族满门抄斩。

  自是之后,为侠者极众,敖而无足数①者。然关中长安樊仲子、槐里赵王孙、长陵高公子、西河郭公仲、太原卤公孺、临淮儿长卿、东阳田君孺,虽为侠而逡逡②有退让君子之风。至若北道姚氏、西道诸杜、南道仇景、东道赵他羽公子、南阳赵调之徒,此盗跖居民间者耳,曷③足道哉!此乃乡者④朱家之羞也。

【注释】

① 敖:通"傲",傲慢无礼。数:称述。
② 逡逡:谦虚退让的样子。
③ 曷:同"何"。
④ 乡者:从前。乡,通"向"。

【译文】

  从此以后,行侠的人特别多,可是都傲慢无礼没有值得称道的。但是关中长安的樊仲子,槐里的赵王孙,长陵的高公子,西河的郭公仲,太原的卤公孺,临淮的儿长卿,东阳的田君孺,虽然行侠却文质彬彬,有谦虚退让的君子风度。至于北道的姚氏,西道的一些姓杜的,南道的仇景,东道的赵他、羽公子,南阳赵调之流,简直就是民间的盗跖,哪里值得一提呢!这都是从前侠士朱家那样的人所引以为耻的。

太史公曰：吾视郭解，状貌不及中人①，言语不足采②者。然天下无③贤与不肖，知与不知，皆慕其声，言侠者皆引以为名。谚曰："人貌荣名，岂有既④乎！"於戏⑤，惜哉！

【注释】

① 中人：一般人，普通人。

② 不足采：无可取。

③ 无：无论，不论。

④ 既：穷尽。

⑤ 於戏：通"呜呼"，表感叹。

【译文】

太史公说：我看郭解，身材相貌赶不上一般人，语言也无可取的地方。但是天下的人们，无论是贤人还是不肖的人，也无论是认识他还是不认识他，都仰慕他的名声，谈论游侠的都标榜郭解以提高自己的名声。谚语说："人可用光荣的名声作容貌，那么容貌还会有衰老的时候吗？"呜呼，可惜呀！

滑稽列传（节选）

武帝时，齐人有东方生名朔，以好古传书，爱经术，多所博观外家①之语。朔初入长安，至公车②上书，凡用三千奏牍③。公车令两人共持举④其书，仅然⑤能胜之。人主从上方⑥读之，止，辄乙⑦其处，读之二月乃尽。诏拜以为郎，常在侧侍中。数召至前谈语，人主未尝不悦也。时诏赐之食于前。饭已，尽怀其余肉持去，衣尽污。数赐缣帛⑧，担揭⑨而去。徒用所赐钱帛，取⑩少妇于长安中好女。率取妇一岁所⑪者即弃去，更取妇。所赐钱财尽索⑫之于女子。人主左右诸郎半⑬呼之"狂人"。人主闻之，曰："令⑭朔在事无为是行者，若等⑮安能及之哉！"朔任其子为郎，又为侍谒者，常持节⑯出使。朔行殿中，郎谓之曰："人皆以先生为狂。"朔曰："如朔等，所谓避世于朝廷间者也。古之人，乃避世于深山中。"时坐席中，酒酣，据地⑰歌曰："陆沉⑱于俗，避世金马门。宫殿中可以避世全身，何必深山之中，蒿庐⑲之下。"金马门者，宦（者）署门也，门旁有铜马，故谓之曰："金马门。"

【注释】

① 外家：除儒家以外的其他各家。
② 公车：掌管宫廷司马门的官署，凡天下上书言事及国家有征召等事都由其总领。
③ 凡：总共。奏牍：上奏言事的简牍。牍，写字用的木片，也称木简。
④ 持举：扛抬。

⑤ 仅然：刚好、恰恰。

⑥ 上方：指官禁、内廷。

⑦ 乙：作一个划断的记号。

⑧ 缣帛：绸绢的通称。

⑨ 担揭：扛抬。担，肩挑。揭，高举。

⑩ 取：同"娶"，娶妻。

⑪ 所：约略之词，犹左右。

⑫ 索：尽，绝。

⑬ 半：指半数人。

⑭ 令：假如。

⑮ 若等：你们这些人。

⑯ 节：符节，古代使者所持以作凭证。

⑰ 据地：手按着地。

⑱ 陆沉：陆地无水而下沉，比喻沦落。

⑲ 蒿庐：蓬门草舍。

【译文】

汉武帝时，齐地有个人叫东方朔，因喜欢古代流传下来的书籍，爱好儒家经术，所以广泛地阅览了诸子百家的书。东方朔刚到长安时，到公车府那里上书给皇帝，共用了三千枚简牍。公车派两个人一起抬他的奏章，刚好抬得起来。武帝在宫内阅读东方朔的奏章，需要停阅时，便在那里画个记号，读了两个月才读完。武帝下令任命东方朔为郎官，经常在皇上身边侍奉。武帝屡次叫他到跟前谈话，从未有不高兴的时候。武帝时常下诏赐他御前用饭。饭后，他便把剩下的肉全都揣在怀里带走，把衣服都弄脏了。皇上赐给他绸绢，他都是肩挑、手提地拿走。他专用这些赐来的钱财绸绢，娶长安城中年轻漂亮的女子为妻。大多娶过来一年光景便抛弃了，再娶一个。皇上所赏赐的钱财全部花光在女人身上。皇上身边的侍臣有半数人称他为"疯子"。武帝听到了说："假如东方朔当官行事没有这些荒唐行为，你们哪能比得上他呢？"东方朔保举他的儿子做郎官，又升为侍中的谒者，常常衔命奉使，外出办事。一天东方朔从殿中经过，郎官们对他说："人们都以为先生是位狂人。"东方朔说："像我这样的人，就是所谓在朝廷里隐居的人。古时候的人，都是隐居在深山里。"他时常坐在酒席中，酒喝得畅快时，就趴在地上唱道："隐居在世俗中，避世在金马门。宫殿里可以隐居起来，保全自身，何必隐居在深山之中，茅舍里面。"所谓金马门，就是宦官衙署的门，大门旁边有铜马，所以叫作"金马门"。

时会聚宫下博士①诸先生与论议，共难②之曰："苏秦、张仪一当③万乘之主，而都④卿相之位，泽及后世。今子大夫修先王之术，慕圣人之义，讽诵《诗》《书》百家之言，不可胜数。著于竹帛⑤，自以为海内无双，即可谓博闻辩智矣。然悉力⑥尽忠以事圣帝，旷日持久⑦，积数十年，官不过侍郎，位不过执戟，意者尚有遗行⑧邪？其故何也？"东方生曰："是国非子所能备⑨也。彼一时也，此一时也，岂可同哉！夫张仪、苏秦之时，周室大坏，诸侯不朝，力政⑩争权，相禽⑪以兵，并为十二国，未有雌雄，得士者强，失士者亡，故说听行通⑫，身处尊位，泽及后世，子孙长荣。今非然也。圣帝在上，德流天下，诸侯宾服，威振四夷⑬，连四海之外以为席，安于覆盂⑭，天下平均，合为一家，动发举事，犹如运之掌中。贤与不肖，何以异哉？方今以天下之大，士民之众，竭精驰说，并进辐凑⑮者，不可胜数。悉力慕义，困于衣食，或失门户⑯。使张仪、苏秦与仆并生于今之世，曾不能得掌故⑰，安敢望常侍侍郎乎！传曰：'天下无害灾，虽有圣人，无所施其才；上下和同，虽有贤者，无所立功。'故曰时异则事异。虽然，安可以不务修身乎？《诗》曰：'鼓钟于宫，声闻于外。鹤鸣九皋，声闻于天。'苟能修身，何患不荣！太公躬行仁义七十二年，逢文王，得行其说，封于齐，七百岁而不绝。此士之所以日夜孜孜[18]，修学行道，不敢止也。今世之处士，时虽不用，崛然独立，块然[19]独处，上观许由，下察接舆，策同范蠡，忠合子胥，天下和平，与义相扶，寡偶少徒[20]，固其常也。子何疑于余哉！"于是诸先生默然无以应也。

【注释】

① 博士：古代学官名，指专精一艺或传授经学的职官。

② 难：诘难，辩难，驳问。

③ 一当：偶然碰到。一，偶或。当，碰到。

④ 都：居。

⑤ 竹帛：古代书写用具，指竹简与白绢。

⑥ 悉力：竭力。

⑦ 旷日持久：一天天空过着，拖得很久。旷日，经历很多时日。

⑧ 遗行：过失的行为。

⑨ 备：完备，全面，此指完全了解的意思。

⑩ 力政：用武力征伐。政，通"征"。

⑪ 禽：通"擒"，捕捉，侵犯。

⑫ 说听行通：指意见被采纳，所行顺畅。

⑬ 四夷：指东夷、西戎、南蛮、北狄，这是古代统治者对华夏族以外各族的蔑称，这里泛指各少数民族。

⑭ 覆盂：倒置的盂。因盂的上口大，下脚小，倒覆过来，稳定不致倾倒。以此喻稳固。

⑮ 辐凑：车轮上每根辐子凑集到中心的车毂上面，比喻从四面八方集中到一处。

⑯ 门户：指进身做官的门路。

⑰ 掌故：指掌管礼乐制度、档案等故事的官职。

⑱ 孜孜：勤奋不倦的样子。

⑲ 块然：孤独、静止的样子。
⑳ 偶：伴侣。徒：类。

【译文】

当时正值学宫里的博士先生们参与议事，大家一同诘难东方朔说："苏秦、张仪偶然遇到大国的君主，就能居于卿相的地位，恩泽留传后世。现在您老先生研究先王治国御臣的方术，仰慕圣人立身处世的道理，熟习《诗》《书》和诸子百家的言论，多得不可胜数；又有文章著作，自以为天下无双，则可以称得上是见多识广、聪颖善辩了。可是您竭尽全力、忠心耿耿地侍奉圣明的皇帝，旷日持久，长达数十年了，官衔还不过是个侍郎，职位不过是个卫士，看来您还有不够检点的行为吧？这是什么原因呢？"东方朔说："这本来就不是你们所能完全了解的。那时是一个时代，现在是另一个时代，怎么可以相提并论呢？张仪、苏秦的时代，周朝十分衰败，诸侯都不去朝见周天子，用武力征伐夺取权势，用军事手段相互侵犯，天下兼并为十二个诸侯国，势力不相上下，得到人才的就强大，失掉人才的就灭亡，所以士人们的言论易被人主所采纳，办事也顺利，士人身居高位，恩泽留传后代，子孙长享荣华。如今不是这样。圣明的皇帝在上执掌朝政，恩泽遍及天下，诸侯都归顺服从，威势震慑四方，将四海之外的疆土连接成像座席一样的乐土，比倒放的盘盂还要安稳。国家安定，天下太平，融为一体，凡有所举动，都如同在手掌中转动一下那样轻而易举。贤与不贤，凭什么来辨别呢？当今天下广大，士民众多，都竭尽精力奔走游说，从四面八方竞相集中到京城里向朝廷献计献策。尽管他们尽心尽力，仰慕道义，仍不免被衣食所困，有的竟连进身的门路也找不到。假使张仪、苏秦和我同生在当今时代，他们连一个掌管礼乐制度、档案材料的小官职都得不到，怎么敢期望做常侍郎呢？古书上说：'天下没有灾害，即使有圣人，也无法施展他的才华；君臣上下和睦同心，即使有贤人，也无处建功立业。'所以说，时代不同，事情也就随之而有所变化。尽管如此，怎么可以不努力去修养自身呢？《诗经》上说：'在宫内敲钟，声音可以传到外面。鹤在水泽深处鸣叫，声音仍可以传到天上。'如果能够修养身心，还用担忧不能荣耀显贵吗？齐太公亲身实行仁义七十二年，遇到周文王，才得以施行他的主张，封在齐国，其思想留传七百年而不断绝。这就是士人所以日日夜夜、孜孜不倦，研究学问，推行自己的主张，而不敢停止的原因。如今世上的隐士，一时虽然不被任用，却能超然自立，孑然独处，远观许由，近看接舆，智谋如同范蠡，忠诚可比伍子胥，天下和平，修身自持，而却寡朋少侣，这本来是件很平常的事情。你们为什么对我有疑虑呢？"于是那些先生们一声不吭，无话可说了。

建章宫后阁重栎①中有物出焉，其状似麋。以闻，武帝往临视之。问左右群臣习事通经术者，莫能知。诏东方朔视之。朔曰："臣知之，愿赐美酒粱饭②大飧③臣，臣乃言。"诏曰："可。"已④飧又曰："某所有公田鱼池蒲苇数顷，陛下以赐臣，臣朔乃言。"诏曰："可。"于是朔乃肯言，曰："所谓驺牙⑤者也。远方当来归义，而驺牙先见⑥。其齿前后若一，齐等无牙⑦，故谓之驺牙。"其后一岁所，匈奴混邪王果将十万众来降汉。乃复赐东方生钱财甚多。

【注释】

① 重栎：双重栏杆。
② 粱饭：好米饭。
③ 飧：吃，宴请。
④ 已：止，完了。
⑤ 驺牙：兽名，也名驺吾或驺虞，有九牙齐等，如同驺骑(骑马的仪仗队)一样整齐地排列。东方朔是以意立名，随口叫它驺牙。

⑥ 见：同"现"。
⑦ 齿：白齿。牙：门牙。齿、牙本可通称，此处是说它前后都一样生的是门牙，而无白齿。

【译文】

建章宫后阁的双重栏杆中，有一只动物跑出来，它的形状像麋鹿。消息传到宫中，武帝亲自到那里观看。问身边群臣中熟悉事物而又通晓经学的人，没有一个人知道它是何种动物。下诏叫东方朔来看。东方朔说："我知道这个东西，请赐给我美酒好饭让我饱餐一顿，我才说。"武帝说："可以。"吃过酒饭，东方朔又说："某处有公田、鱼池和苇塘好几顷，陛下赏赐给我，我才说。"武帝说："可以。"于是东方朔才肯说道："这是叫驺牙的动物。远方当有前来投诚的事，驺牙便先出现了。它的牙齿前后一样，大小相等而没有大牙，所以叫它驺牙。"后来过了一年左右，匈奴混邪王果然带领十万人来归降汉朝，于是武帝又赏赐东方朔很多钱财。

至老，朔且^①死时，谏曰："《诗》云'营营^②青蝇，止于蕃^③。恺悌^④君子，无信谗言。谗言罔极^⑤，交乱四国'。愿陛下远巧佞，退谗言！"帝曰："今顾^⑥东方朔多善言？"怪之。居无几何，朔果病死。传曰："鸟之将死，其鸣也哀；人之将死，其言也善。"此之谓也。

【注释】

① 且：将要。
② 营营：蝇飞之声。蝇声扰乱聒噪，用来比喻谗言。蝇能玷污黑白，比喻谗人。
③ 蕃：通"藩"，篱笆。
④ 恺悌：和颜悦色，易于接近。

⑤ 罔极：没有止境。
⑥ 顾：反而。

【译文】
　　到了晚年，东方朔临终时，规劝武帝说："《诗经》上说'飞来飞去的苍蝇，落在篱笆上面。慈祥善良的君子，不要听信谗言。谗言没有止境，搅乱天下'。希望陛下远离奸巧谄媚之人，斥退他们的谗言。"武帝说："现在东方朔说的反而大多是正经话？"对此感到惊奇。没过几日，东方朔果然病死了。古书上说："鸟到临死的时候，它的叫声也特别悲哀；人到临终时候，他的言语也非常善良。"说的就是这个意思吧。